VEILLÉES
DE L'UKRAINE

ÉMILE COLIN — IMPRIMERIE DE LAGNY

NIKOLAÏ GOGOL

VEILLÉES
DE L'UKRAINE

TRADUIT DU RUSSE

Par E. HALPÉRINE-KAMINSKY

PARIS
C. MARPON & E. FLAMMARION, EDITEURS
26, RUE RACINE, PRÈS L'ODÉON

Tous droits réservés.

PRÉFACE

« Qu'est-ce que cette nouveauté : *Veillées du hameau près de Dikagnka?* Quelles veillées ? Et encore lancées dans le monde par un certain éleveur d'abeilles (1).

« Grâce à Dieu, l'on a déjà assez dépouillé d'oies pour fournir des plumes et usé assez de chiffons pour fabriquer du papier ! Assez de gens de toutes provenances et de toutes catégories se sont tachés les doigts d'encre, et voilà qu'un éleveur d'abeilles s'en mêle aussi ! Vraiment, il y aura bientôt plus de papier que de choses à envelopper. »

Mon cœur avait pressenti, il avait pressenti

---

(1) *Éleveur d'abeilles,* « *Roudiy Panko* » est le pseudonyme sous lequel Gogol a publié ce volume de nouvelles intitulé par lui « *Veillées du hameau près de Dikagnka* », titre que nous avons remplacé par : « *Veillées de l'Ukraine.* » (*Note du Traducteur.*)

tous ces discours un mois avant que je ne me fusse décidé à publier ces récits ! Je veux dire par là qu'à nous autres campagnards, montrer le nez du fond de nos retraites dans le grand monde — holà ! petit père ! — c'est la même chose que quand il vous arrive d'entrer dans les appartements d'un grand seigneur, alors qu'on vous entoure et qu'on se met à rire à vos dépens. (Encore si ce n'était que la haute valetaille, mais le plus petit sauteur, le rien du tout à voir qui fouille là dans la basse-cour, s'en mêle aussi.) Et tous se mettent à frapper du pied et à vous crier : « Où vas-tu ? Que viens-tu faire ici ? Va-t'en moujik, va-t'en. — Ah ! vous dirai-je... mais à quoi bon vous dire... J'aurais moins de peine à me rendre deux fois par an à Mirgorod (où depuis cinq ans, je ne suis pas allé voir le scribe rural ni l'honorable pope) que de me montrer dans ce grand monde, car une fois qu'on s'y est montré, qu'on en soit fâché qu'on ne le soit pas, il faut quand même tenir bon.

Chez nous, chers lecteurs, cela soit dit sans vous fâcher (peut-être vous fâcherez-vous qu'un éleveur d'abeilles vous parle aussi familièrement qu'à son compère), chez nous, à la campagne, voici ce qui se passe de toute éternité : aussitôt que les travaux des champs sont terminés, le moujik grimpe pour tout l'hiver sur son poêle, et nous autres, nous cachons nos abeilles dans une cave obscure. Quand il n'y a plus une seule grue dans le ciel, plus une seule poire sur l'arbre, alors, aussitôt le soir arrivé, vous êtes sûrs d'apercevoir, au bout de la rue, une maisonnette éclairée d'où sortent des bruits de rires, de chansons qui s'entendent au loin ; la *balalaika* (1) résonne et quelquefois aussi le violon mêlés au brouhaha des conversations. Ce sont nos *vetchernitsy* (2). Elles ressemblent, voyez-vous, à vos bals ; seulement, on ne peut pas dire que ce soit tout à fait la même chose. Quand vous vous rendez au bal, c'est unique-

---

(1) Guitare primitive à trois cordes.
(2) Soirées, veillées.

ment dans le but de faire aller vos jambes et de bâiller dans vos mains ; tandis que chez nous, une foule de jeunes filles se réunissent non pas pour danser, mais pour faire marcher la quenouille et le fuseau.

Au commencement, on semble tout absorbé par son travail ; les quenouilles bruissent, les chansons coulent, pas une fille ne lève les yeux, mais aussitôt que les *parobki* (1) tombent en bande dans la *khata* (1) avec le violoniste en tête, ce sont des cris à vous assourdir, des lutineries, des danses et d'autres amusements encore qu'on ne pourrait même pas raconter.

Mais ce qui vaut encore mieux c'est quand on se presse en un seul groupe compact et qu'on se met à jouer aux devinettes ou tout simplement à bavarder. Tudieu ! que de choses ne raconte-t-on pas ? D'où ne va-t-on pas tirer de vieilles histoires ? Quelle montagne de terreurs n'en emporte-t-on pas ? Mais

---

(1) Jeunes gens en langue ukranienne.
(2) Chaumière.

nulle part peut-être, on n'a raconté autant de choses merveilleuses qu'aux veillées de l'éleveur d'abeilles, Roudiy Panko (1).

Pourquoi les pays m'ont-ils appelé Roudiy Panko ? Pardieu, je ne le saurais pas dire. Mes cheveux, il me semble, sont maintenant plutôt gris que roux, mais chez nous, ne vous en fâchez pas, voici l'habitude : quand les gens donnent à quelqu'un un surnom, cela reste pour toute l'éternité.

Donc, on se réunissait à la veille d'une fête dans la chaumière de l'éleveur d'abeilles ; on se rangeait autour de la table... vous n'aviez plus qu'à écouter.

Il faut vous dire que les invités n'étaient pas les premiers venus ; ce n'étaient pas les simples moujiks du hameau ; ils auraient pu faire honneur même à un personnage plus important que l'éleveur d'abeilles. Ainsi, par exemple, connaissez-vous le sacristain de l'église de Dikagnka, Foma Grigorievitch ? Ah ! voilà une tête ! Quelles histoires il savait

(1) Homme aux cheveux roux.

tourner ! Vous en trouverez deux dans ce livre.

Il ne portait jamais la soutane de coutil que vous voyez chez nombre de sacristains de village ; et si même vous rentriez chez lui pendant la semaine, il vous recevait toujours en robe de drap fin couleur gelée de pommes de terre, et qu'il payait à Pultava jusqu'à six roubles l'aune. Personne n'aurait pu dire, dans tout notre hameau, que ses bottes sentaient le goudron (1). Chacun savait, au contraire, qu'il les nettoyait avec la meilleure des graisses que certain moujik mettrait volontiers dans sa soupe. Personne n'aurait dit non plus qu'il se mouchait avec le pan de sa robe comme le font certains autres de sa profession. Il retirait de sa poitrine un mouchoir blanc proprement plié, brodé tout autour de fil rouge et, après avoir fait ce qu'il était nécessaire, le repliait de nouveau en douze carrés et le remettait dans sa poitrine.

(1) Les paysans Russes enduisent leurs bottes de goudron.

Le second invité... Eh bien, celui-là était barine à un tel point, qu'on aurait pu lui donner tout de suite la place de juge rural. Quand il lui arrivait de lever son doigt devant lui et de raconter, en le regardant, son récit était d'un si grand style qu'on aurait pu l'imprimer séance tenante. Parfois en l'écoutant, on restait ébahi ; on aurait eu beau se tuer, on ne comprenait rien. Où allait-il chercher des mots pareils?...

Foma Grigorievitci lui broda à ce propos un joli épisode :

Il lui raconta qu'un collégien qui étudiait chez un sacristain, retourna tellement latiniste chez son père, qu'il avait même oublié notre langue orthodoxe. Tous les mots, il les tournait en *us;* une pioche, c'était pour lui *piochus*, une femme, *femmus*. Un jour, il se rend avec son père dans les champs, il aperçoit un râteau et demande à son père : « Comment, père, cela s'appelle-t-il dans votre langue ? » Et puis, sans y prendre garde, il pose son pied sur les dents du râteau ; le père n'a pas eu le temps de répondre que le manche basculant vient frapper notre latiniste au front. « Maudit râteau », s'écrie-t-il en portant la main à la bosse que le coup vient de lui faire et en bondissant d'au moins un mètre. « Comme il tape fort, que le diable jette à l'eau celui qui l'a produit ! »

— Vous voyez ! Il a bien su se rappeler le nom, le pigeon !

Cet épisode ne fut pas absolument du goût du grand styliste. Sans souffler mot, il se leva, écarta ses jambes au milieu de la chambre, inclina légèrement la tête en avant, passa sa main dans la poche du derrière de son cafetan couleur petits pois, en retira une tabatière ronde vernie, claqua du bout de ses doigts sur le museau peint de quelque général turc et saisissant une grosse pincée de tabac mélangé des cendres de feuilles de livèche, la porta à son nez, le coude en avant et arrondi ; il aspira au vol toute la pincée sans même se servir de son pouce ; et toujours pas une parole.

Ce ne fut que quand il alla fouiller dans sa seconde poche et qu'il en retira un mouchoir de coton bleu rayé, qu'il murmura tout bas le proverbe : « Jeter des perles devant les pourceaux !... »

« Un orage va éclater ! » pensais-je en remarquant que les doigts de Foma Grigorievitch allaient se plier en doulia (1). Heureusement que ma vieille eut la bonne idée d'apporter en cet instant sur la table un pâté chaud et du beurre. Tous se mirent à la besogne. La main de Foma Grigorievitch, au lieu de montrer la doulia, se porta vers le pâté et, comme de coutume, chacun loua la ménagère.

Nous avions encore un autre conteur, mais celui-là (je n'aurais pas dû parler de lui vers la nuit) exhumait des histoires si effrayantes que les cheveux se dressaient sur la tête. C'est volontairement que je ne les ai pas mises dans ce livre ; elles pourraient faire tellement peur aux bonnes gens, qu'on crain-

(1) Le pouce sous l'index et on le montre en signe d'insulte.

drait comme le diable — Dieu me pardonne — l'éleveur d'abeilles. Je préfère, si Dieu me donne vie jusqu'à l'année prochaine, publier un autre livre; alors on pourra effrayer avec les revenants et autres merveilles qui se passaient au bon vieux temps dans les pays orthodoxes. Au nombre de ces histoires, vous trouverez peut-être aussi les contes de l'éleveur d'abeilles lui-même à ses petits-enfants. Pouvu qu'il vous plaise de me lire et de m'écouter, j'aurai bientôt, *quant à moi* (si ce n'était ma maudite paresse de chercher), réuni assez d'histoires pour faire dix volumes pareils.

Je m'aperçois tout à coup que j'ai oublié le principal : quand vous voudrez venir me rendre visite, messieurs, prenez droit le grand chemin qui conduit à la Dikagnka. J'ai précisément mis ce nom à la première page de ce volume pour que vous trouviez plus vite notre hameau. De la Dikagnka elle-même, vous avez, je pense, assez entendu parler. Vous savez bien que là les maisons sont plus belles que la chaumière de quelque éleveur d'abeilles. Quant au jardin public, il n'y a pas à y contredire : Vous n'en trouverez certes pas un pareil dans votre Pétersbourg.

Une fois à Dikagnka, demandez au premier gamin en chemise sale que vous rencontrerez gardant les oies:

« Et où demeure l'éleveur d'abeilles Roudiy Panko ? »

— Hé! par là, vous répondra-t-il, en montrant la direction du doigt ; et même, si vous le voulez, il vous conduira jusqu'au hameau.

Je vous prierai seulement de ne pas trop vous croiser les mains derrière le dos en faisant le fier, car chez nous, les routes ne sont pas aussi unies que devant vos palais. Ainsi, Foma Grigorievitch en venant de Dikagnka chez nous, il y a deux ans, eut l'occasion de visiter malgré lui une ornière avec sa nouvelle voiture et sa jument baie, bien qu'il conduisît lui-même et qu'en outre de ses yeux, il mît encore de temps à autre des yeux achetés.

En revanche, une fois que vous serez notr hôte, nous vous servirons des melons comme vous n'en avez jamais peut-être mangé de votre vie. Quant au miel, je vous jure que vous n'en trouverez pas de meilleur dans les environs. Imaginez-vous que quand on apporte dans la chambre un rayon entier, il se répand une odeur qu'il est impossible de se figurer ; et le miel est pur comme une larme ou comme ces précieux cristaux que l'on enchâsse dans les pendants d'oreilles.

Et quels gâteaux, ma vieille vous fera manger ! quels gâteaux, si vous saviez seulement !... Du sucre ! c'est vraiment du sucre ! Et le beurre ! il fond sur les lèvres quand on commence à le manger !

Quand on pense, pourtant, combien ces femmes sont habiles ! Avez-vous jamais bu du poiré, messieurs ? ou de l'eau-de-vie cuite avec des raisins secs et des pruneaux ? Ou encore, vous est-il arrivé parfois de manger de la bouillie au lait ? Oh ! petit Dieu ! quels mets il y a dans le monde !... Quand on se met à manger, c'est à n'en plus quitter! c'est une jouissance indescriptible! Ainsi, l'année dernière... voyons, cependant, je finis par trop bavarder!... Venez seulement, venez vite! et on vous fera manger à en parler à tous ceux que vous rencontrerez.

Éleveur d'abeilles,

ROUDIY PANKO.

VEILLÉES
DE L'UKRAINE

LA FOIRE DE SOROTCHINETZ

CHAPITRE PREMIER

Quel délire ! quelle splendeur qu'un jour d'été dans la Petite-Russie ! De quelle chaleur languissante sont chargées les heures quand midi éclate silencieux et brûlant, et que l'Océan bleu, infini, étendu en voûte ardente sur la terre, semble dormir tout noyé de volupté en enlaçant et en étreignant la bien-aimée dans ses bras éthérés. Pas un nuage au ciel ; dans les champs, pas une parole. Tout semble mort. En haut, seulement, dans la profondeur du ciel, frémit l'alouette ; et sa chanson d'argent roule sur les marches aériennes jusqu'à la terre amoureuse.

Par instant, le cri de la mouette ou la voix sonore de la caille, résonne dans la steppe. Paresseux et sans pensée, comme vaguant sans but, s'élèvent les chênes ombrageux. Et le jet aveuglant des rayons solaires embrase pittoresquement des masses entières de feuillages en enveloppant les autres d'une ombre noire comme la nuit, sur laquelle un vent violent fait çà et là scintiller de l'or. L'émeraude, la topaze, le saphir des insectes aériens, ruissellent sur les jardins bigarrés ombragés de tournesols élancés. Les meules grises du foin et les gerbes dorées du blé, s'étagent en camps dans la plaine et se déroulent à l'infini. Les larges branches des cerisiers, des pruniers, des pommiers et des poiriers, plient sous le poids des fruits. Le ciel se reflète dans la rivière comme dans un miroir au cadre vert et élevé.... De quelle volupté et de quelle langueur déborde l'été de la Petite-Russie !

C'est de cette splendeur que brillait une des

chaudes journées du mois d'août dix-huit cent... dix-huit cent... oui, il y a une trentaine d'années, lorsque, sur une longueur de plus de dix verstes, la route conduisant au village de Sorotchinetz grouillait de la foule accourue à la foire de tous les environs et des hameaux les plus lointains. Dès le matin, s'allongeait la foule ininterrompue de Tchoumaks (1), avec leurs voitures de sel et de poisson. Des montagnes de poteries enterrées sous le foin se mouvaient lentement, comme ennuyées de leur obscure prison. Çà et là, seulement quelques terrines ou soupières aux couleurs éclatantes se montraient vaniteusement au sommet de la charrette surchargée et provoquaient les regards attendris des adorateurs du confort. De nombreux passants contemplaient d'un œil d'envie le potier de haute taille, propriétaire de ces richesses, lequel, d'un pas lent, marchait derrière ses marchandises, enveloppant soigneusement le dandysme et la coquetterie de ses vases dans l'humble foin.

Loin des autres, se traînait une charrette

(1) Charretiers.

tirée par des bœufs fatigués, et remplie de sacs de chanvre, de toile et de divers objets de ménage. Derrière venait le propriétaire vêtu d'une chemise de toile bien blanche et d'une culotte de toile sale. D'une main paresseuse, il essuyait la sueur qui coulait en pluie de son visage basané et dégouttait de ses longues moustaches poudrées par ce perruquier impitoyable qui vient sans qu'on l'appelle, s'emparant également des plus belles et des plus laides, et poudrant par force, depuis des milliers d'années, toute l'espèce humaine. A ses côtés, marchait attachée à la charrette une jument dont l'aspect timide trahissait un âge plus qu'avancé. Beaucoup et surtout les jeunes gens portaient la main à leur bonnet en croisant le moujik. Ce n'étaient cependant ni sa moustache grise ni sa démarche imposante qui lui valaient ces saluts. Il suffisait de lever la tête pour en découvrir la cause.

Sur la charrette, était assise son enfant, une jolie fille au visage arrondi, aux sourcils noirs et bien arqués surmontant des yeux brun-clair, aux lèvres roses et souriantes, la tête ornée de rubans rouges et bleus qui, avec ses longues nattes, un bouquet de fleurs des champs et une riche couronne, formaient le plus ravissant tableau.

Tout semblait l'intéresser ; tout lui était étrange et neuf... et ses beaux yeux allaient sans cesse d'un objet à l'autre. Comment ne pas se distraire ! A la foire pour la première fois ! Une jeune fille de dix-huit ans et à la foire pour la première fois !

Mais aucun des passants ne pouvait se douter du mal qu'elle avait eu à persuader son père de la prendre avec lui, non pas que, personnellement, il ne l'eût fait volontiers, mais il avait à compter avec la méchante marâtre qui avait su le brider et le conduisait aussi facilement qu'il conduisait lui-même la vieille jument qu'on allait vendre aujourd'hui pour prix de ses longs services.

La criarde épouse... mais nous avons oublié qu'elle est assise, elle aussi, au haut de la charrette, dans une superbe camisole de laine verte, piquée, comme la fourrure de la martre, de petites queues, mais rouges ; avec une riche jupe bigarrée comme un échiquier et un bonnet d'indienne de couleur, qui donnait un certain air d'importance à son visage rouge et plein d'aspect si rébarbatif que chacun se hâtait de reporter son regard inquiet sur le gai visage de la jeune fille.

Aux yeux de nos voyageurs, Psiol (1) commençait à poindre. De loin venait une fraîcheur d'autant plus sensible que la chaleur avait été plus lourde et plus accablante. A travers le feuillage vert-clair des peupliers et des bouleaux, négligemment semés dans la prairie, apparaissaient des plaques de lumière froide ; et la belle rivière découvrit la splendeur de sa poitrine d'argent sur laquelle se répandait richement la verte chevelure des arbres. Fantasque comme une jolie femme, à l'heure enivrante où, devant le miroir jaloux de son front altier, de ses épaules rosées et de sa gorge de marbre, ombragée par une boucle sombre tombée de sa tête blonde, elle jette avec mépris ses parures pour les remplacer par d'autres et ne connaît pas de fin à ses caprices, ses eaux presque chaque année changent leurs cours, choisissent une nou-

(1) Nom d'une rivière.

velle voie et s'entourent de paysages nouveaux et divers. Les rangées de moulins soulevaient sur leurs lourdes roues de larges nappes qu'elles rejetaient avec force en les brisant en pluie et en emplissant les environs de poussière humide et de bruit.

La charrette, avec les voyageurs que nous connaissons, roulait en ce moment vers le pont, et, la rivière, dans toute sa majestueuse beauté, s'étendait devant eux comme une seule glace. Le ciel, les forêts vertes et bleues, les hommes, les voitures chargées de poteries, les moulins, tout se renverse, surgit et marche les pieds en l'air sans tomber dans la splendide profondeur bleue.

Notre belle devint songeuse à ce magnifique spectacle et oublia même de faire craquer sous sa dent les graines de tournesol qu'elle était occupée à grignoter depuis le départ, lorsque tout à coup, les mots : « Ah! la jolie fille ! » frappèrent ses oreilles.

Elle tourna la tête et aperçut sur le pont une foule de jeunes gens dont l'un, mieux vêtu que les autres, en *svitka* (1) blanche et en

(1) Cafetan, svitka en langue ukranienne.

bonnet gris d'Astrakan, les mains sur les hanches, regardait hardiment les passants.

La belle ne put faire autrement que de remarquer son visage basané mais respirant la sympathie et ses regards brûlants qui semblaient vouloir la transpercer. Elle baissa les yeux à la pensée que, peut-être, l'exclamation entendue lui appartenait.

— Une riche fille ! continua le jeune homme à la svitka blanche, sans la quitter de l'œil. Je donnerais bien tout ce que je possède pour l'embrasser, mais c'est le diable qui est aussi derrière elle.

Des rires éclatèrent de tous côtés.

Mais la compagne chamarrée de l'époux qui s'avançait à pas lents, ne goûta pas le compliment. Ses joues rouges s'empourprèrent et un crépitement d'épithètes choisies roula en averse sur la tête des joyeux gars.

— Puisses-tu étouffer, propre à rien ! Puisse un vase tomber sur la tête de ton père ! Qu'il se rompe le cou sur la glace, l'antichrist maudit ! Et que, dans l'autre monde, le diable lui roussisse la barbe !

— Voyez-vous l'insulteuse ! fit le jeune

homme en écarquillant les yeux, comme stupéfait d'une pareille explosion de compliments inattendus. Comment la langue de cette sorcière hors d'âge ne se blesse-t-elle pas à articuler de semblables mots !

— Hors d'âge (1)! saisit au vol la mûre personne. L'impudent ! Va donc d'abord te débarbouiller, moricaud. Je n'ai pas connu ta mère, mais je suis certaine que c'est une pas grand'chose; ton père aussi est un pas grand'chose. Hors d'âge! parce qu'il a encore du lait au bec !

La charrette, en ce moment, sortait du pont, et les dernières paroles se perdirent dans l'air.

Mais le jeune homme ne voulut pas en rester là. Sans plus réfléchir, il saisit une motte de boue et la lança...

Le coup était mieux dirigé qu'on ne pouvait le supposer : tout le bonnet neuf d'indienne se trouva couvert de boue ; et les rires des joyeux compagnons de reprendre avec une force nouvelle.

(1) Littéralement *séculaire*.

L'obèse coquette frémit de colère ; mais la charrette était alors assez loin et elle tourna sa vengeance contre sa belle-fille innocente et son lent époux, lequel, habitué de longue date à des incidents de ce genre, gardait un silence obstiné et écoutait avec le plus grand sang-froid la sortie emportée de son épouse en fureur. Malgré cela, la langue infatigable crépitait et ne s'arrêta qu'à leur entrée dans le faubourg, lorsqu'ils arrivèrent chez leur vieil ami et compère le cosaque Tsyboulia.

Cette entrevue entre compères qui ne s'étaient pas rencontrés depuis longtemps, fit oublier momentanément le fâcheux événement en forçant nos voyageurs à s'entretenir de la foire et à reposer quelque peu après une longue route.

CHAPITRE II

Peut-être vous est-il arrivé d'entendre une cataracte lointaine quand les environs troublés sont pleins de fracas et qu'un chaos de rumeurs étranges et indistinctes passe devant vous comme un tourbillon. N'est-ce pas une sensation analogue que l'on éprouve, lorsque l'on est pris dans le tourbillon d'une foire au village et que les rangs serrés de la foule ne forment plus qu'un monstre sinueux qui se meut de tout son corps sur la place et dans les rues étroites, criant, s'interpellant et grondant. Vacarme, jurons, mugissements, bêlements, rugissements, tout se fond en un brouhaha discordant. Les bœufs, le son, le foin, les tziganes, les poteries, les babas (1), les pains d'épices, les bonnets, tout flamboie bigarré et criard, s'agite en groupe et défile devant vos yeux. Des voix de différents timbres se couvrent l'une l'autre, et pas une parole ne peut être saisie, sauvée de ce déluge. Pas un cri ne s'articule distinctement ; on n'entend dans toute la foire que des mains de marchands frappant l'une dans l'autre, à l'appui du marché conclu. Une charrette se brise, le fer résonne ; des planches jetées à terre retentissent et la tête qui nous tourne ne sait où s'arrêter.

Notre moujik avec sa fille aux noirs sourcils s'était depuis longtemps mêlé à la foule. Il s'approchait d'une charrette, hélait l'autre, comparait les prix, et cependant, sa pensée tournait toujours autour des dix sacs de blé et de la vieille jument qu'il avait amenés pour la vente. On pouvait voir à l'expression du visage de sa fille qu'il n'était rien moins qu'agréable à celle-ci de se frotter aux char-

(1) Les femmes.

rettes de foin ou de blé. Elle aurait voulu aller là où, sous la toile des tentes, sont coquettement appendus des rubans rouges, des boucles d'oreilles, des croix d'étain et de cuivre et des pièces d'or pour colliers.

Cependant le spectacle qu'elle avait devant les yeux ne manquait pas d'intérêt. Elle prenait un intime plaisir à regarder ici un tzigane bigarré et un moujik se frapper dans la main jusqu'à crier de douleur ; là un juif ivre offrir du kissel (1) à une baba ; plus loin, des poissardes s'injurier et se jeter des écrevisses à la tête ; ailleurs encore, un Moscovite caresser d'une main sa barbe de bouc et de l'autre... mais voilà qu'elle se sent tirer par la manche brodée de sa chemise. Elle se retourne et se trouve en face du *paroboh* à la svitka blanche et aux yeux ardents. Tout son corps tressaillit, son cœur se mit à battre comme jamais il n'avait encore battu, ni sous la joie, ni sous la douleur, sensation étrange et délicieuse en même temps ; elle ne pouvait se rendre compte de ce qu'elle éprouvait.

— N'aie pas peur, mon petit cœur ! n'aie

(1) Sorte de gelée de fruits.

pas peur, fit-il à demi-voix en lui prenant la main. Je ne te dirai rien de mal !

« Il se peut que tu ne me dises rien de mal, pensa la jeune fille, seulement, c'est étrange. Ce doit être le diable. Je sais que sûrement ce n'est pas bien... et cependant je n'ai pas la force de lui reprendre ma main. »

Le moujik se retourna, voulant dire quelque chose à sa fille, mais le mot « blé » retentit alors à ses côtés. Ce mot magique le fit immédiatement s'approcher de deux négociants qui parlaient haut, et, son attention fixée sur eux, rien n'était capable de la distraire. Or, voici la conversation qui s'était engagée sur le blé.

CHAPITRE III

— Tu penses donc, pays, que notre blé se vendra mal ? disait l'un dont l'extérieur dénotait un petit bourgeois étranger, habitant quelque bourgade, en pantalon de coutil taché de goudron et de graisse.

Le personnage auquel il s'adressait était vêtu d'une svitka bleue rapiécée en différents endroits, et il avait une bosse au front.

— Il ne s'agit pas de penser ! je suis prêt à me laisser passer une corde autour du cou et à me balancer à cet arbre comme une saucisse de Noël au plafond de la chambre, si nous vendons une seule mesure de blé.

— Qu'est-ce que tu me contes, pays ? Il n'y a pas sur le marché un grain de blé en dehors de celui que nous avons apporté.

« Dites tout ce que vous voudrez, pensait le père de notre belle, qui ne perdait pas une parole de la conversation des deux marchands ; cela ne m'empêchera pas d'avoir dix sacs en réserve. »

— Mais c'est précisément où le diable s'en mêle, qu'il n'y a pas plus à tabler là-dessus que sur un Moscovite affamé, reprenait d'un air significatif l'homme à la bosse au front.

— Quel diable ? demanda l'homme au pantalon de coutil.

— As-tu entendu ce que l'on dit dans la foule ? continua le front bombé en regardant de côté son interlocuteur de ses yeux mornes.

— Eh bien ?

— Eh bien ! Le commissaire, — puisse-t-il ne jamais tremper sa moustache dans l'eau-de-vie de prunes — le commissaire nous a assigné pour la foire une place si maudite que nous pouvons crever, nous ne vendrons pas un seul grain. Vois-tu ce vieux hangar en ruine là-bas, là-bas, près de la montagne (ici, la curiosité du père de notre belle le fit se rappocher encore, et il devint tout oreilles), c'est dans ce hangar que les diables prennent leurs ébats, et pas une seule foire ne s'est terminée sans malheur. Hier encore, le scribe passait par là, et, à la lucarne, se montra un groin de porc, grognant si terriblement qu'un frisson lui passa dans tout le corps. On s'attend d'un instant à l'autre à voir apparaître de nouveau la *svitka* rouge.

— Qu'est-ce que cette svitka rouge?

A ce moment les cheveux de notre auditeur attentif se dressèrent sur sa tête. Il regarda avec terreur derrière lui et aperçut... sa fille et le parobok tranquillement enlacés, devisant d'amour dans l'oubli le plus complet de toutes les svitkas du monde.

Ce spectacle dissipa sa terreur et le ramena à son insouciance habituelle.

— Eh! eh! pays, tu me parais aller bien vite en embrassades. Moi, ce n'est que le quatrième jour après la noce que j'ai appris à embrasser ma Khveska et encore, grâce à mon compère, qui, en sa qualité de garçon d'honneur, me mit sur la voie.

Le jeune homme comprit immédiatement que le père de sa bien-aimée n'était pas très désagréable ; et il se prit à combiner un plan pour le mettre dans son jeu.

— Toi, mon bon, tu ne me connais probablement pas ; mais moi, je t'ai reconnu tout de suite.

— C'est possible que tu m'aies reconnu.

— Si tu veux, je te dirai et ton nom et ton prénom et tout ce qui te concerne. Tu t'appelles Solopi Tcherevik.

— C'est bien cela, Solopi Tcherevik.

— Et regarde-moi bien, peut-être me reconnaîtras-tu ?

— Non, je ne te connais pas ; et cela soit dit sans te fâcher. Dans ma longue vie, j'ai tant vu de museaux divers, que ce serait le diable de me souvenir de tous...

— C'est dommage que tu ne te rappelles pas du fils de Holopoupenko ?

— Tu serais donc le fils d'Okhrimo ?

— Et qui le serait ? à moins que ce ne soit le Domovoï (1).

---

(1) Lutin domestique.

Sur quoi, les deux amis se découvrirent et l'embrassade commença. Cependant notre fils Holopoupenko, sans perdre de temps, se hâta de couper court à cette démonstration.

— Eh bien ! Solopi, comme tu le vois, moi et ta fille nous nous aimons au point de passer l'éternité ensemble.

— Eh bien ! Paraska, fit Tcherevik en s'adressant avec un sourire à sa fille, — peut-être, en effet... pour que déjà... comme on dit... ensemble... afin qu'on paisse la même herbe. Eh bien ! tapons là, et allons, beau fils frais élu, arroser le contrat !

Et tous les trois se trouvèrent bientôt réunis dans une dernière buvette, sous la tente, chez la Juive, au milieu de tout une flotte de bouteilles et de flacons de toutes façons et de toutes tailles.

— Eh ! le luron ! Pour cela je t'aime, disait Tcherevik, quelque peu éméché, en voyant la façon dont son beau fils frais élu se versait près d'un demi-litre d'eau-de-vie, l'avalait d'un trait sans sourciller et brisait sur la table le vase vide. Qu'en dis-tu ? Paraska. Quel fiancé je t'ai choisi! regarde! regarde! Comme il lampe gaillardement.

Et, tout gai et en titubant, il s'achemina avec elle vers sa charrette, pendant que notre parobok se rendait aux boutiques occupées par les marchands de Gadiatch et de Mirgorod, les deux célèbres villes du gouvernement de Pultava; pour y choisir une des plus belles pipes en bois, richement montée sur cuivre, ainsi qu'un foulard à fleurs sur fond rouge et un bonnet d'Astrakan, cadeaux de noce au beau-père et aux autres, ainsi que le voulait la coutume.

CHAPITRE IV

— Eh bien! femme! j'ai trouvé à la fille un fiancé.

— C'est ce qui peut s'appeler bien choisir son moment pour chercher des fiancés! Imbécile! imbécile! tu ne changeras donc jamais? Où as-tu vu, où as-tu entendu que des gens sensés courent à cette heure après des fiancés? Tu aurais mieux fait de t'occuper de vendre notre blé. Ton fiancé, lui aussi, doit être quelque chose de bien. Le plus gueux, sans doute, de tous les va-nu-pieds.

— Quelle erreur; si tu voyais le jeune

homme ! Rien que sa svitka vaut plus que ta camisole verte et que tes bottes rouges ; et comme il siffle bien l'eau-de-vie ! Que le diable m'emporte et toi avec, si de ma vie, j'ai vu un parobok avaler comme lui un demi-litre d'un trait sans sourciller !

— C'est cela, un ivrogne doublé d'un vagabond, voilà ce qu'il lui faut. Je gagerais que c'est le même vaurien qui nous a pris à partie sur le pont. Quel dommage qu'il ne me soit pas encore tombé sous la main ! Je vous l'aurais arrangé !

— Et qu'importe ! Khivria, si c'était lui ? Pourquoi serait-ce un vaurien ?

— Pourquoi ce serait un vaurien ! oh ! tête sans cervelle ! Entendez-vous ? Pourquoi ce serait un vaurien ? Où avais-tu donc tes yeux d'imbécile lorsque nous passions près du moulin, là devant lui, sous son nez sali de tabac ? on déshonorerait ta femme que cela te laisserait indifférent.

— Tu auras beau dire, je ne vois pas ce qu'on pourrait lui reprocher. C'est un garçon de valeur ; serait-ce parce qu'il a un moment couvert de fumier ton museau ?

— Eh ! eh ! voyez-vous ! Tu ne me laisses pas placer un mot. Qu'est-ce que cela veut dire ? Quand cela t'est-il jamais arrivé ? Tu as déjà, sans doute, pris le temps de licher alors que tu n'as encore rien vendu ?

Notre Tcherevik remarqua en effet lui-même qu'il avait trop parlé, et il se hâta de cacher sa tête dans ses mains, persuadé que son irascible compagne ne tarderait pas à planter dans ses cheveux ses griffes conjugales.

« Diable ! le mariage est flambé, pensait-il en esquivant l'épouse qui marchait vers lui ; il faudra refuser un bon garçon et pour rien ! Seigneur Dieu ! Pourquoi une pareille plaie sur nous autres pécheurs ? Il y avait déjà assez de vilaines choses dans ce monde ; et tu nous as encore encombrés de femmes ! »

CHAPITRE V

Le jeune homme à la svitka blanche, assis près de sa charrette, regardait distraitement la foule qui bourdonnait sourdement autour de lui. Le soleil fatigué quittait l'horizon après avoir brûlé son midi et son matin. Le jour s'éteignait dans le charme et dans l'éclat de la pourpre. Le sommet blanc des tentes brillait d'une clarté aveuglante sous les rayons d'un feu rose à peine perceptible. Les vitres des châssis empilés flambaient sur les tables des cabaretières ; bouteilles et verres étaient transformés en autant de flammes.

Des montagnes de melons, de pastèques et de citrouilles semblaient moulées en or et en cuivre bruni. Le bruit des conversations devenait sensiblement plus rare et plus sourd. Les langues fatiguées des marchands, des moujiks et de tziganes se faisaient plus paresseuses et plus lentes. Çà et là, des feux commençaient à s'allumer et le fumet odorant des *galouschki* (1) se répandait dans les rues calmées.

— A quoi songes-tu si tristement Hirtsko (2), s'écria un Tzigane de haute taille et hâlé par le soleil, en frappant sur l'épaule de notre jeune homme. Voyons! me laisses-tu tes bœufs pour vingt?

— Tu n'as de pensée que pour les bœufs! toujours les bœufs. Votre race ne vit que pour l'argent : monnayer, filouter les honnêtes gens.

— Fi! que Diable! Te voilà donc pris bien sérieusement! serait-ce le dépit de t'être embarrassé d'une fiancée?

(1) Boulettes de pâte cuite de forme oblongue.
(2) Pour avoir la véritable prononciation ukranienne de ce mot, il faudrait aspirer fortement l'*h*.

— Non, ce n'est pas dans ma nature: je tiens ma parole; quand je fais quelque chose, c'est pour toujours, mais c'est ce vieux brigand de Tcherevik qui n'a pas de conscience pour un demi-kopek; il a dit: « Oui », et maintenant il se reprend. On ne peut guère, d'ailleurs, lui en vouloir; c'est une bûche et rien de plus, ce sont là les tours de la vieille sorcière que nous avons, avec les amis, si bien arrangée aujourd'hui sur le pont. Ah! si j'étais Tzar ou grand seigneur, je commencerais par faire pendre tous ces imbéciles qui se laissent brider par les femmes...

— Me laisses-tu les bœufs pour vingt si nous forçons Tcherevik à nous rendre Paraska?

Hirtsko le considéra avec étonnement. Les traits basanés du Tzigane exprimaient quelque chose de méchant, de rusé, de bas et de hautain en même temps; il suffisait d'un regard pour se convaincre que, dans cette âme étrange, bouillonnaient de grandes qualités, mais de celles qui n'ont sur la terre qu'une seule récompense : le gibet. Une bouche disparaissait presque entre le nez et le menton, pointue et toujours animée d'un mauvais sourire ; des yeux petits mais vifs comme le feu ; un visage sillonné de l'éclair des projets et des combinaisons sans cesse modifiés. Tout cela semblait comme exiger un costume aussi particulier et aussi extraordinaire que celui qu'il portait effectivement. Un cafetan brun-noir que le moindre attouchement paraissait devoir faire tomber en poussière ; de longs cheveux noirs tombant en broussailles sur ses épaules ; des souliers emboîtant des pieds nus et brûlés ; tout cela semblait comme soudé à lui et faire partie de son être.

— Ce n'est pas pour vingt, mais pour quinze que tu les auras si tu ne mens pas, répondit le jeune homme, sans le quitter de son regard pénétrant.

— Pour quinze, c'est entendu ! mais ne pas oublier, pour quinze. Et voici cinq roubles d'arrhes.

— Mais si tu m'as menti !
— Si je mens, à toi les arrhes.
— C'est entendu. Allons ! topons.
— Allons !

CHAPITRE VI

— Par ici, Aphanasi Ivanovitch. Il y a une haie. Levez le jarret, mais ne craignez rien. Mon imbécile est parti pour toute la nuit avec le compère pour veiller sur les charrettes, de peur que les Moscovites ne chipent quelque chose.

C'est ainsi que la terrible compagne de Tcherevik encourageait d'un ton affable le popovitch (1) qui, s'accrochant peureusement à la clôture, grimpa sur la haie et y

---

(1) Fils du pope.

resta debout, hésitant comme un long et effrayant fantôme. Après avoir longtemps cherché de l'œil la place où sauter le plus facilement, il finit par tomber lourdement dans les hautes herbes.

— Malheur ! ne vous êtes-vous pas fait de mal ? Ne vous êtes-vous pas — Dieu vous en garde — cassé le cou ? murmurait Khivria tout inquiète.

— Chut ! rien, rien, ma très chère Khavronia Nikiforovna, fit le popovitch d'une voix basse et plaintive en se dressant sur ses jambes, rien que des piqûres d'orties, cette plante vipérine, comme disait le défunt protopope.

— Entrez donc vite dans la khata. Il n'y a personne. Et moi qui me demandais si vous n'étiez pas retenu par un furoncle ou un mal de ventre. On ne vous voit plus. Comment cela va-t-il ? J'ai entendu dire que le pope, votre père, a reçu un tas de choses.

— Presque rien, Khavronia Nikiforovna, mon père n'a reçu pour tout le carême que quinze sacs de blé, quatre de millet, une centaine de pains au beurre et des poulets qui, bien comptés, ne dépassent pas la cinquantaine. Quant aux œufs, ils sont en partie gâtés ; mais le plus précieux de tous les dons, c'est de vous seule que je peux le tenir, Khavronia Nikiforovna, continua le popovitch, en la regardant tendrement et en se rapprochant d'elle.

— Voilà, Aphanasi Ivanovitch, fit-elle, en posant sur la table divers plats et en boutonnant d'un air confus sa camisole qui s'était ouverte comme par hasard, des *vareniki* (1), des *galouchetchki* (2) de froment, des *pampouchetchki* (3), des *tovtchenitchki* (4).

— Tout cela, je gage, est sorti des plus habiles mains de toutes les filles d'Ève, dit le popovitch en entamant les tovtchenitchki et en attirant à lui, de l'autre main, les varenitchki. Cependant, Khavronia Nikiforovna, mon cœur a soif d'autres choses plus douces que

(1) Pâtes de fromage cuites dans l'eau.
(2) Diminutif de galouchki, sorte de gros macaroni plein et coupé très court.
(3) Diminutif de pampouchki, autre pâte moins frite.
(4) Diminutif de tovtchenik, boulette frite de farine de pois.

les pampouchetchki et tous les galouchetchki.

— Je ne sais réellement plus ce que je pourrais vous offrir encore, Aphanasi Ivanovitch, répondit la belle obèse en feignant de ne pas comprendre.

— Mais votre amour ! mon incomparable Khavronia Nikiforovna, murmura le popovitch, tenant d'une main un varenik et, de l'autre, enlaçant la large taille de la matrone.

— Dieu sait ce que vous imaginez ! Aphanasi Ivanovitch, dit Khidria en baissant pudiquement les yeux, vous allez peut-être encore entreprendre de m'embrasser !

— Quant à cela, je vous dirai, en ce qui me concerne, reprit le popovitch, qu'au temps pour ainsi dire où j'étais au séminaire je me souviens encore comme aujourd'hui...

A ce moment, des aboiements se firent entendre dans la cour et des coups furent frappés à la porte cochère.

Khivria sortit précipitamment et rentra toute pâle.

— Allons ! Aphanasi Ivanovitch, nous sommes pris ! Un tas de gens frappent à la porte et il me semble avoir reconnu la voix du compère.

Le varenik s'arrêta dans la gorge du popovitch... ses yeux sortirent de leurs orbites, comme s'il s'était trouvé en face de quelque revenant.

— Vite, grimpez là, criait Khivria épouvantée, en lui indiquant les planches reposant sur deux solives juste au-dessous du plafond et sous lesquelles étaient entassés divers ustensiles de ménage.

Le péril donna des forces à notre héros. Revenant un peu à lui, il sauta sur la partie du poêle qui sert de lit, et de là, avec précaution, il se hissa sur les planches, tandis que Khivria courait à toutes jambes vers la porte, car les coups redoublaient, frappés avec plus de force et d'impatience.

VII

Un étrange événement s'était produit à la foire.

Le bruit courait que, quelque part, parmi les marchandises, la svitka rouge devait faire son apparition.

La vieille qui vendait des boubliki (1) crut voir Satan au museau de cochon qui se penchait sans cesse sur les charrettes comme s'il cherchait quelque chose.

Cela se répandit rapidement dans tous les coins du campement silencieux; et tout le monde eût considéré comme un crime de ne

(1) Pains en forme de couronnes.

pas y ajouter foi, bien que la marchande de boubliki, dont l'étalage mobile attenait à la tente du cabaretier, se fût livrée toute la journée à des saluts sans objet et dessinât de ses jambes des courbes empruntées à ses gâteaux.

A cela, s'ajoutaient encore les histoires grossies de bouche à bouche du prodige vu par le scribe dans le hangar en ruine, de telle sorte qu'avec la nuit, chacun se serrait plus près de son voisin. La tranquillité disparut; la peur empêchait les yeux de se fermer; et ceux qui n'étaient pas des plus braves et qui purent se procurer un coin dans une izba (1), s'y réfugièrent.

Au nombre de ces derniers, se trouvaient Tcherevik avec son compère et sa fille; et ce sont eux, qui renforcés de quelques camarades, leur ayant demandé asile, ont causé le tapage qui a si fort effrayé notre Khivria.

Le compère était déjà quelque peu éméché. Cela résultait de ce qu'il dut faire deux fois avec sa charrette le tour de la cour avant de trouver la porte de sa khata. Les hôtes, eux

(1) Izba ou khata — chaumière.

aussi, étaient d'humeur joyeuse et, sans plus de façon, ils pénétrèrent dans la chambre avec le maître. L'épouse de notre Tcherevik était assise comme sur des aiguilles quand ils se mirent à fureter dans tous les coins.

— Eh quoi! commère, s'écria le compère en entrant, la fièvre te fait toujours trembler!

— Oui, je ne me sens pas bien, répondit Khivria en jetant un regard inquiet sur les planches au-dessous du plafond.

— Voyons, femme, va-t'en me chercher la bouteille dans la charrette, dit le compère à son épouse qui le suivait. Nous la viderons avec ces braves amis; les maudites femmes nous ayant fait une peur telle qu'il est presque honteux de l'avouer. Car, au fond, frères, nous nous sommes réfugiés ici inutilement, continua-t-il, en vidant à petites gorgées la cruche de terre. Je suis prêt à percer mon neuf, que les femmes se sont tout simplement moquées de nous. En admettant même que ce fût le diable, que nous importe le diable ? Crachez-lui à la figure! Qu'il s'avise à l'instant même de se dresser ici devant moi! et que je ne sois qu'un fils de chien si je ne lui fais pas la nique.

— Pourquoi, alors, es-tu devenu si pâle ? s'écria l'un des étrangers qui dominait les autres de la tête et posait pour le brave.

— Moi ! Dieu vous pataflole ! vous avez rêvé.

Les hôtes ne purent réprimer un sourire auquel s'associa d'un air de satisfaction le bravache qui avait pris la parole.

— Comment pourrait-il parler, fit observer un autre, alors que ses joues flamment comme le coquelicot ? Ce n'est plus un oignon mais une betterave, ou mieux encore la svitka rouge qui a tant épouvanté les gens.

La bouteille fit le tour de la table et augmenta encore la gaîté des convives.

Notre Tcherevik, que la *svitka rouge* n'avait pas cessé de torturer, ne laissant pas une seconde de répit à son esprit curieux, s'approcha alors du compère.

— Dis, par grâce, compère. J'ai beau questionner, je ne puis connaître l'histoire de cette satanée svitka.

— Eh ! compère, ces choses-là ne se racontent pas la nuit, mais pour te faire plaisir ainsi qu'aux braves amis qui m'ont l'air d'y tenir autant que toi, soit... Ecoutez.

Il se gratta l'épaule, s'essuya la bouche avec le pan de son cafetan, appuya la main sur la table et commença :

— Une fois, pour quel crime, c'est ce que j'ignore, tout ce que je sais c'est qu'un diable fut chassé de l'enfer.

— Comment cela, compère, interrompit Tcherevik, est-il possible qu'on chasse un diable de l'enfer?

— Qu'y pourrais-je, compère? On l'a chassé et voilà tout, comme un moujik chasse un chien de sa khata. Peut-être s'était-il avisé de commettre quelque bonne action, et, alors, on lui a montré la porte. Or, ce pauvre diable s'ennuyait hors de l'enfer, mais s'ennuyait à se pendre. Que faire? Il se mit alors à boire de désespoir. Il se nicha dans ce même hangar que tu as vu en ruines près de la montagne, et auprès duquel aucun honnête homme ne peut plus désormais passer, sans être préalablement armé du signe de croix. Et ce diable est un homme d'un dissolu à rendre des points aux *parobki*. Du matin au soir, il ne démarre pas du cabaret.

A ce moment, le grave Tcherevik interrompit de nouveau notre conteur.

— Que dis-tu là, compère ? Comment est-il possible qu'on ait laissé entrer le diable au cabaret ? Il a bien, grâce à Dieu, des griffes aux pattes et de petites cornes sur la tête.

— Sans doute ! mais il s'était muni de bonnet et de mitaines ; impossible, par suite, de le reconnaître. Il noçait, noçait... Enfin il avait bu tout ce qu'il possédait. Le cabaretier eut beau lui faire longtemps crédit, finalement, il dut cesser. Le diable fut alors forcé de changer sa *svitha rouge* pour un tiers de sa valeur au juif qui tenait le cabaret de la foire de Sorotchinetz. Il la lui engagea et lui dit : « Prends garde, juif, je viendrai chercher la svitka dans un an jour pour jour. Conserve-la. » Et il disparut comme s'il fût tombé dans l'eau. Le juif examina attentivement la svitka. Le drap en était de telle qualité que même à Miregorod on n'aurait pu en trouver de semblable. Le rouge flambait comme le feu ; impossible une fois vu d'en détacher ses yeux. Le juif se fatigua d'attendre l'échéance. Il se gratta l'oreille (1), et il en tira de quelque seigneur de passage jusqu'à cinq pièces d'or. Mais voilà qu'un soir un homme entre. « Eh bien! juif, rends-moi ma svitka. » Le juif ne le reconnut pas d'abord, mais, après l'avoir remis, il feignit de ne l'avoir jamais vu. — « Quelle svitka? je n'ai pas de svitka. » L'autre s'en alla. Seulement, vers le soir, quand le juif ayant fermé sa boutique et après avoir compté son argent, se mit, un drap sur la tête, à prier Dieu à la façon juive, un frôlement s'entendit! — Le juif regarde! à toutes les fenêtres apparaissaient des museaux de cochon...

A ces mots, précisément, on entendit un bruit indistinct qui ressemblait fort au grognement du porc. Tous pâlirent... La sueur perla sur le visage du conteur.

— Quoi? demanda Tcherevik, effrayé.

— Rien! répondit le compère tremblant de tout son corps.

---

(1) Littéralement le *Peïssi*, mèche de cheveux que le juif polonais porte le long de l'oreille.

— Rien ! fit à son tour l'un des assistants.
— C'est toi qui disais ?...
— Moi !
— Quoi donc ? à propos ?...
— Dieu sait pourquoi tout cet émoi ! il n'y a rien.

Tous se mirent à examiner craintivement autour d'eux et à chercher dans les recoins.

Khivria était plus morte que vive.

— Quelles femmes vous faites ! dit-elle à haute voix. Et vous vous appelez des Cosaques et vous êtes des hommes ! Il faudrait vous mettre une quenouille à la main.

Quelqu'un peut-être s'est... Dieu me pardonne... Sous quelqu'un le banc a craqué et cela a suffi pour vous affoler tous.

Cette sortie fit honte à nos braves et les obligea de reprendre courage. Le compère but son coup et poursuivit son récit :

— Le juif s'évanouit d'effroi ; mais les cochons, sur leurs longues jambes comme des échasses, pénétrèrent par les fenêtres et le firent vite revenir à lui à coups d'étrivières et le forcèrent à danser plus haut que cette solive. Le juif se jeta à leurs pieds et avoua tout... mais le difficile était de retrouver la svitka. Volée au seigneur par un tzigane, elle avait été vendue à une marchande. Celle-ci la porta de nouveau à la foire de Sorotchinetz, mais, depuis lors, personne ne lui achetait quoi que ce soit. La marchande s'étonna, s'étonna longtemps et finit par comprendre que la faute en était à la *svitka rouge*. Ce n'est pas pour rien qu'en l'endossant elle se sentait toujours gênée. Sans plus de réflexion, elle la jeta au feu. — « Il ne brûle pas, ce satané vêtement !... Hé ! mais !... c'est un cadeau du diable ! » — La marchande l'introduisit sous la charrette d'un moujik venu pour vendre son beurre. L'imbécile s'en réjouit ; seulement personne plus ne lui achetait de beurre. « Hein ! ce sont des mains ennemies qui m'ont glissé cette svitka ! » Il saisit sa hache et la mit en pièces. Mais voilà que les morceaux rampent les uns vers les autres et que la svitka est de nouveau entière. Se signant alors, il asséna un second coup de hache, sema les morceaux à droite et à gauche et s'enfuit. Depuis, chaque année, juste à l'époque de la foire, le diable au museau de cochon se promène par toute la place, grognant et ramassant les morceaux de la svitka. On dit maintenant qu'il ne lui manque plus que la manche gauche. Les gens, depuis lors, se signent à l'endroit ; et voilà une dizaine d'années déjà que la foire ne s'y tenait plus, lorsque le malin a poussé le commissaire de... à en...

La fin du mot resta sur les lèvres du conteur : la fenêtre vola en éclats et, à travers les vitres brisées, apparut un museau de cochon roulant de terribles yeux et ayant l'air de demander : « Que faites-vous ici, braves gens ? »

CHAPITRE VIII

La terreur cloua tout le monde dans la khata. Le compère, la bouche bée, fut transformé en pierre. Ses yeux jaillirent comme des projectiles. Ses doigts écarquillés s'arrêtèrent immobiles en l'air. Le brave, de haute taille, dans une épouvante impossible à maîtriser, sauta jusqu'au plafond et frappa de sa tête contre la solive. Les planches s'écartèrent et le popovitch, avec tonnerre et fracas, vola par terre.

— Aïe ! aïe ! aïe ! s'écria désespérément l'un des assistants en tombant tout terrifié sur le banc et en agitant les bras et les jambes.

— Au secours ! exclamait désespérément un autre en se couvrant de son touloupe (1).

Tiré de sa pétrification par ce nouvel effroi, le compère se traîna à quatre pattes, tout tremblant, sous les jupons de son épouse. Le brave de haute taille grimpa dans le four du poêle malgré l'étroitesse de l'ouverture, en refermant la porte derrière lui ; et Tchere-vik, comme échaudé, prenant un pot de fer pour son bonnet, s'en coiffant, se précipita dehors et courut comme un fou à travers les rues sans toucher presque terre. La fatigue seule l'obligea de ralentir sa course. Son cœur battait comme une meule de moulin. La sueur l'inondait.

Épuisé, il était sur le point de s'affaisser, quand, tout à coup, il entendit derrière lui quelqu'un à sa poursuite... La respiration lui manqua.

— Le Diable ! Le Diable ! criait-il hors de lui, en faisant appel à toutes ses forces, et, un moment après, il tomba sans connaissance.

(1) Fourrure en peau de mouton.

— Le Diable! Le Diable! criait-on derrière lui; et tout ce qu'il put sentir encore c'est que quelque chose s'abattit sur lui.

Le vide se fit alors complètement dans son cerveau et, comme « l'hôte terrible de l'étroite bière », il resta muet et immobile au milieu de la route.

CHAPITRE IX

— Entends-tu, Vlas? disait en se soulevant au milieu de la nuit, un de ceux qui dormaient dans la rue. Quelqu'un, tout près d'ici a appelé le diable.

— Que m'importe! grogna en s'étirant un tzigane couché à ses côtés, il pourrait aussi bien appeler tous ses parents.

— Mais il a crié comme si on l'étouffait!

— De quoi n'est pas capable un homme pris de sommeil?

— Comme tu voudras, mais il faut aller voir. Bats donc le briquet.

L'autre tzigane, en maugréant, se leva sur ses jambes, fit jaillir à deux reprises une étincelle qui passa sur lui comme un éclair, et, après avoir soufflé sur l'amadou, se mit en marche, un kaganetz (1) à la main.

— Halte ! il y a quelque chose à terre ; éclaire par ici.

D'autres personnes s'étaient jointes à eux.

— Qu'est-ce, Vlas ?

— On dirait deux hommes ; l'un dessus et l'autre dessous. Lequel des deux est le diable ? c'est ce que je ne puis pas reconnaître.

— Et qui est dessus ?

— Une baba (femme).

— Alors, c'est ça qui est le diable.

Un éclat de rire général réveilla toute la rue.

— Une baba grimpée sur un homme ! Allons, cette baba doit s'entendre en monture ! disait quelqu'un dans la foule.

— Regardez, frères ! — fit un autre en ramassant un fragment du pot de fer dont

---

(1) Lampion usité dans la Petite Russie et composé d'un morceau de poterie garnie de graisse de mouton à l'intérieur. (*Note de l'auteur.*)

une moitié seulement restait sur la tête de Tcheverik, — de quel bonnet ce brave homme s'est coiffé !

Le bruit et les rires qui augmentaient, finirent par rappeler à la vie nos deux morts, Solopi et son épouse, pleins encore de la frayeur passée et regardant avec terreur, de leurs yeux fixes, les visages basanés des tziganes. A la lumière fausse et tremblante des kaganetz, ceux-ci ressemblaient à une bande hideuse de gnomes enveloppés d'une pesante vapeur souterraine dans les ténèbres d'une nuit sans réveil.

CHAPITRE X

La fraîcheur du matin soufflait sur les habitants réveillés de Sorotchinetz. Des bouffées de fumée s'envolaient de toutes le cheminées à la rencontre du soleil levant. La foire se ranima. Les moutons se mirent à bêler, les chevaux à hennir et, de nouveau, les cris des oies et des marchandes emplirent tout le campement ; les racontars effrayants sur *la svitka rouge*, qui avaient tant épouvanté le monde dans les heures mystérieuses de la nuit, s'évanouirent avec l'apparition du matin.

En bâillant et en s'étirant, Solopi Tcherevik somnolait chez le compère sous le hangar couvert de paille, au milieu des bœufs, des sacs de farine et de blé. Il ne paraissait nullement disposé à s'arracher à ses rêveries, lorsque, tout à coup, il entendit une voix qui lui était aussi familière que le refuge de sa paresse, le poêle béni de sa khata ou le cabaret d'une parente installée à dix pas de chez lui.

— Debout ! debout ! lui scandait à l'oreille sa tendre épouse, en le tirant de toutes ses forces par le bras.

Tcherevik, pour toute réponse, enfla les joues et simula, de ses mains, le battement des tambours.

— Idiot ! s'écria-t-elle en évitant le bras qui faillit l'atteindre au visage.

Tcherevik se souleva, se frotta les yeux et regarda autour de lui.

— Que le diable m'emporte, ma colombe, si ton museau ne m'a pas fait l'effet d'un tambour sur lequel je me voyais forcé de battre la diane, comme un superbe Moscovite; museau de cochon dont, comme dit le compère...

— Assez, assez de sottises. Dépêche-toi

donc d'aller vendre la jument. C'est à faire rire de nous, vraiment. Etre venus à la foire, et n'avoir pas même vendu une poignée de chanvre !

— Que dis-tu femme ? interrompit Solopi — mais c'est maintenant qu'on va rire.

— Va, va ; on rit déjà assez sans cela.

— Je sais bien que je ne suis pas encore débarbouillé, continua Tcherevik en bâillant et en se grattant le dos pour gagner du temps à sa paresse.

— Voilà qu'il lui prend mal à propos la fantaisie d'être propre ! Cela t'est-il jamais arrivé ? voilà une serviette ; essuie ton masque.

Et elle saisit quelque chose roulé en tas qu'elle rejeta brusquement avec terreur ; c'était la manche rouge de la *svitka*.

— Va faire ton affaire, reprit-elle en rassemblant ses esprits et en voyant que la peur cassait les jambes de son époux et que ses dents claquaient.

— J'en aurai maintenant une vente, murmura-t-il en détachant la jument et la conduisant sur la place. Ce n'est pas sans cause qu'en mes préparatifs pour cette maudite foire, je me sentais un poids comme si quelqu'un m'avait jeté sur les épaules une vache crevée. Et les bœufs qui, d'eux-mêmes, se sont par deux fois retournés vers la maison! Sans compter, si je me souviens bien, que c'est un lundi que nous nous sommes mis en route. De là, tout le mal...... Et ce maudit diable qui ne veut pas se tenir tranquille ! Qu'est-ce que ça peut lui faire de porter une svitka qui n'a qu'une manche ! mais non. Il ne veut pas laisser la paix aux honnêtes gens. Si j'étais un diable, moi, par exemple (ce dont Dieu me garde!) est-ce que je me démènerais la nuit à la recherche d'un maudit chiffon!

Ici le monologue de notre Tcherevik fut interrompu par une voix grave et criarde. Le tzigane de haute taille était devant lui.

— Qu'est-ce que tu vends? mon brave.

Le vendeur eut un silence. Il examina son interlocuteur des pieds à la tête et dit d'un air tranquille, sans s'arrêter et sans lâcher la bride :

— Tu sais bien toi-même ce que je vends.

— Des courroies? demanda le tzigane en regardant la bride.

— Oui, des courroies, si une jument ressemble à des courroies.

— Mais diantre, pays, tu l'as donc nourrie avec de la paille?

— De la paille! Et Tcherevik tira sur la bride pour faire passer devant lui la jument et convaincre de mensonge ce calomniateur effronté: mais avec une vitesse extraordinaire sa main vint frapper son menton. Il regarda et que vit-il? Dans sa main il n'a plus qu'une bride et, à la bride est attaché... O terreur! ses cheveux se dressent sur sa tête... un morceau de la manche rouge de la *svithal*...

Il cracha, se signa et, en agitant les bras, il s'enfuit de ce cadeau inattendu, et, plus rapide qu'un jeune homme, se perdit dans la foule.

CHAPITRE XI

— Arrêtez-le! arrêtez-le! criaient plusieurs jeunes gens dans le fond étroit d'une rue; et Tcherevik se sentit tout à coup saisi par des mains vigoureuses.

— Qu'on le garrotte! c'est lui qui a volé au brave homme sa jument?

— Que Dieu soit avec vous! Pourquoi me garrottez-vous?

— Et c'est lui qui le demande! Pourquoi as-tu volé la jument?

— Etes-vous fous? jeunes gens. Où a-t-on vu qu'un homme puisse se voler lui-même?

— Connu! connu! Pourquoi te sauvais-tu à toutes jambes comme si Satan lui-même était à tes trousses...

— On se sauverait à moins quand un vêtement diabolique...

— Hé! mon pigeon, conte cela à d'autres. Tu auras encore affaire au commissaire qui t'apprendra à faire peur aux gens avec tes diableries.

— Arrêtez-le! arrêtez-le. Ce cri retentit de nouveau à l'autre bout de la rue. Le voilà! le voilà, le fuyard!

Et, aux yeux de notre Tcherevik, apparut le compère dans le plus piteux état, les mains liées derrière le dos et conduit par plusieurs jeunes gens.

— Que de miracles il se fait! disait l'un de ceux-ci. Si vous entendiez ce que raconte ce filou! qu'il suffit de regarder en face pour reconnaître un voleur, quand on s'avise de lui demander pourquoi il courait comme un affolé. « Je fouillais, dit-il, dans ma poche pour y prendre une prise, et, au lieu de ma tabatière, j'ai retiré un morceau de la diabolique *svitka* qui flamba soudain comme du feu... et je m'enfuis à toutes jambes.

— Hé! hé! ce sont deux oiseaux du même nid, garrottez-les ensemble.

CHAPITRE XII

— Peut-être, en effet, compère, as-tu chipé quelque chose? demanda Tcherevik étendu, lié à son compère, dans une botte de paille.

— Comment! toi aussi? compère? Que me sèchent bras et jambes si jamais j'ai volé quoi que ce soit, si ce n'est des vareniki à la crème, chez ma mère, et encore n'avais-je que dix ans.

— Pourquoi donc, compère, un pareille calamité sur nous? Toi encore, ce n'est rien : On ne t'accuse que d'avoir volé autrui! mais qu'ai-je fait pour être en butte à une calomnie aussi idiote : m'être volé à moi-même ma propre jument! Il était écrit, compère, que nous ne devions pas avoir de chance.

— Malheur à nous! pauvres orphelins. Et

les deux compères se mirent à sangloter bruyamment.

— Qu'as-tu donc Solopi? demanda Hirtzko qui entra en ce moment — qui t'a garrotté?

— Ah! Halopoupenko! Halopoupenko! s'écria Solopi tout joyeux — le voilà, compère, celui-là même dont je t'ai parlé. Hé! camarade, que Dieu me tue sur place, s'il n'a pas lampé devant moi une cruche presque aussi grosse que ta tête, et sans seulement sourciller.

— Pourquoi donc, compère, n'as-tu pas fait honneur à un aussi brave parobki?

— Comme tu vois, continua Tcherevik en s'adressant a Hirtzko, Dieu m'a puni probablement parce que je suis en faute à son égard. Pardonne-moi, mon brave. Pour toi, je serais prêt à tout faire, mais que veux-tu, c'est le diable qui est dans la ville.

— Je ne te tiens pas rancune, Solopi; si tu veux, je te débarrasserai de tes liens.

Et il fit signe aux jeunes gens, et ceux-là même qui gardaient les prisonniers s'empressèrent de les délier.

— En revanche, agis bien de ton côté; marie-nous, et que l'on danse au point que pendant toute une année les jambes nous fassent mal.

— Bien! voilà qui est bien! dit Solopi en battant des mains, et je me revois aussi gai en ce moment, que si les Moscovites m'avaient enlevé ma vieille. Il n'y a plus à réfléchir, à tort ou à raison, aujourd'hui on se marie et tout est dit.

— Prends bien garde, Solopi, dans une heure je serai chez toi, car on t'attend pour acheter ta jument et ton blé.

— Comment! est-ce qu'on aurait retrouvé la jument?

— On l'a retrouvée.

Tcherevik demeurait immobile de joie en suivant des yeux Hirtzko qui s'éloignait.

— Eh bien! Hirtzko, l'affaire a-t-elle été bien menée? demanda le tzigane de haute taille au jeune homme qui pressait le pas; les bœufs sont à moi, maintenant?

— A toi! à toi!

CHAPITRE XIII

Son joli menton dans la main, Paraska était assise songeuse et seule dans la khata. Les rêves, en grand nombre, voltigeaient autour de sa tête blonde. De temps à autre un sourire léger effleurait ses petites lèvres pourpres et une sorte d'émotion joyeuse soulevait ses sombres sourcils. D'autres fois, un nuage d'inquiétude les abaissait de nouveau sur le brun de ses yeux.

« Que devenir si ce qu'il a dit ne se réalise pas ? murmurait-elle avec une expression de doute. Que devenir si on ne me marie pas ? Si... mais non... cela ne sera pas. Ma marâtre fait tout ce qui lui passe par l'esprit. Est-ce que je ne peux pas en faire autant ? Je saurai moi aussi m'entêter. Qu'il est beau ! Comme ses yeux noirs brillent merveilleusement. Comme il dit : « Ma Parasiou » (1) chérie !

(1) Diminutif de Paraska.

Comme sa svitka blanche lui va bien. Il lui faudrait une ceinture plus éclatante ; il est vrai que j'aurai le temps de lui en broder lorsque nous serons en ménage... Je ne puis penser sans joie, continua-t-elle en tirant de son sein un petit miroir doublé de papier rouge, acheté à la foire, et en s'y regardant avec un vrai plaisir — je ne puis penser sans joie au jour où je la rencontrerai quelque part ! Je ne la saluerai pour rien au monde, dût-elle en crever. Non marâtre, tu as assez battu ta belle-fille ! le sable germera sur la pierre et le chêne se penchera sur l'eau comme un saule pleureur, plutôt que je m'incline devant toi. Ah ! oui... j'oubliais... je veux essayer le bonnet (1) même de la marâtre pour voir comment il me va. »

Elle se leva le miroir dans la main et la tête inclinée sans le quitter des yeux, elle marcha timidement à travers la chambre comme si elle craignait de tomber en voyant sous elle, au lieu du sol, le plafond avec ses planches d'où était dégringolé le popovitch et ses rayons garnis de poteries.

(1) Que portent les femmes mariées.

— Quelle enfant je fais, s'écria-t-elle en riant ; j'ai peur de faire un pas !

Et elle se mit à frapper du pied ; et plus elle allait, plus elle activait le mouvement. Finalement, sa main gauche s'établit sur sa hanche, et elle se prit à danser en faisant résonner le cuivre de ses talons, en tenant devant elle le miroir et en fredonnant sa chanson favorite :

> Petite plante verte,
> Couche-toi plus bas,
> Et toi, mon aimé aux sourcils noirs,
> Approche-toi plus près.
> Petite plante verte,
> Couche-toi plus bas encore
> Et toi, mon aimé aux sourcils noirs,
> Approche-toi plus près encore.

A ce moment Tcherevik passa sa tête par la porte, et, apercevant sa fille devant le miroir, s'arrêta. Longtemps il regarda souriant à cette fantaisie inattendue de la jeune fille, laquelle tout absorbée ne semblait rien voir. Mais quand il entendit l'air connu de la chanson, il campa ses poings sur les hanches, s'avança fièrement et se mit lui-même à danser, oubliant toutes ses affaires.

Un gros rire du compère les fit tressaillir tous deux.

— Hâtez-vous ! le fiancé est arrivé.

— Bravo ! le père et la fille font ici la noce tout seuls.

A ces derniers mots, Paraska devint plus rouge que le ruban écarlate qui nouait ses cheveux et l'oublieux père se rappela pourquoi il était venu.

— Eh bien ! fille, viens vite. Khivria, toute joyeuse que j'aie vendu la jument, a couru, dit-il en regardant craintivement autour de lui — a couru s'acheter des jupons et autres chiffons. Il faut donc en finir avant sa rentrée.

A peine Paraska eut-elle franchi le seuil de la khata qu'elle se sentit dans les bras du jeune homme à la svitka blanche qui, avec toute une bande, l'attendait dans la rue.

— Que Dieu vous bénisse ! — dit Tcherevik, en joignant leurs deux mains — vivez unis comme les fleurs d'une couronne.

Il se produisit à cet instant un mouvement dans la foule.

— Je crèverai plutôt que de laisser la chose s'accomplir ! — criait la compagne de Solopi — que les gens repoussaient avec des rires.

— Ne t'enrage pas ! ne t'enrage pas ! femme

— dit avec sang-froid Tcherevik, en s'apercevant qu'une paire de vigoureux tziganes s'étaient emparés des bras de son épouse, — ce qui est fait est fait ; je n'aime pas à revenir sur ce qui est convenu.

— Non, non ! ce ne sera pas, criait Khivria ; mais personne ne l'écoutait. De nombreux couples entourèrent le nouveau couple et formèrent autour de lui une haie dansante, infranchissable.

Un sentiment étrange et inexprimable aurait envahi le spectateur, à voir comment un seul coup d'archet du musicien, en svitka de bure et aux longues manchettes pendantes, suffit à rétablir l'harmonie et l'unité dans cette foule aux sentiments les plus divers. Des hommes, sur le visage morne desquels il semblait qu'un sourire n'eût jamais glissé, battaient la mesure des pieds et des épaules. Tout s'élançait, tout dansait. Mais plus étrange et plus inexprimable encore était le spectacle des vieilles, dont le visage antique exhalait une indifférence de tombeau, et qui se bousculaient au milieu de cette jeunesse riante, vivante.

Insouciantes, sans même une joie enfantine, sans une étincelle de sympathie, celles que l'alcool seul poussait — semblables à un mécanicien qui force son automate inanimé à exécuter des gestes humains — balançaient doucement leur tête enivrée, dansonnaient avec la foule joyeuse sans même regarder le jeune couple.

Puis le bruit, les rires, les chants se firent de plus en plus bas. L'archet se mourait affaibli et perdant ses sons indistincts dans le vide de l'atmosphère. On entendit encore au loin un piétinement, quelque chose comme le murmure d'une mer lointaine. Tout enfin redevint désert et muet.

Ainsi la joie, belle et inconsciente hôtesse, s'envole de chez nous, et c'est en vain qu'une voix isolée pense exprimer la gaieté. Dans son propre écho, elle entend déjà la tristesse et la solitude, et elle écoute stupéfaite.

Ainsi les espiègles amis d'une jeunesse agitée et libre se perdent un à un et laissent finalement seul leur ancien frère. L'ennui s'étend sur l'abandonné, son cœur se serre et rien ne peut le consoler.

UNE NUIT DE MAI

CHAPITRE PREMIER

HANNA

Un bruit de chansons roulait comme un fleuve sonore à travers les rues du village de ***. C'était l'heure où, fatigués des travaux, des soucis du jour, jeunes gens et jeunes filles se réunissent en rondes bruyantes, dans l'éclat d'un soir limpide, traduisant leurs joies en sons toujours empreints de mélancolie ; et le soir mystérieux enveloppait de mélancolie le ciel bleu, noyant toutes choses dans son vague lointain.

C'était déjà le crépuscule, et les chansons

n'avaient pas cessé. La bandoura à la main, se glissait loin des chanteurs le jeune Cosaque Levko, fils du bailli (1) du village.

Sur le Cosaque, un bonnet d'Astrakan. Le Cosaque s'avança de la rue, faisant résonner sous ses doigts les cordes de son instrument et battant la mesure avec tout son corps. Voilà qu'il s'arrête doucement devant la porte d'une khata (2) entourée de cerisiers nains. A qui cette khata ? A qui cette porte ? Après un court silence, il se mit à jouer et chanta :

> Le soleil est bas et le soir est proche.
> Viens auprès de moi, mon petit cœur.

— Mais sans doute ma belle aux yeux clairs s'est profondément endormie, dit le Cosaque, sa chanson finie en s'approchant de la fenêtre. — Haliou ! (3) Haliou ! Dors-tu ou ne veux-tu pas venir vers moi ? Tu crains peut-être que quelqu'un ne nous aperçoive, ou peut-être ne veux-tu pas exposer au froid ton

(1) Littéralement *la tête*.
(2) L'*izba* russe, la chaumière.
(3) Diminutif de *Hanna*.

petit visage blanc. Ne crains rien ; il n'y a personne. La soirée est chaude ; et si même quelqu'un survenait, je te couvrirais de ma svitka (1), je t'envelopperais de ma ceinture, je te ferais un écran de mes mains et personne ne nous verrait. Si même le froid se faisait sentir, viens encore : je te presserai plus fort sur mon cœur, je te réchaufferai de mes baisers, j'étendrai mon bonnet sur tes pieds blancs. O mon âme ! mon petit poisson ! mon collier ! Montre-toi, ne fût-ce qu'un instant. A travers ta petite fenêtre, passe au moins ta petite main blanche. — Mais tu ne dors pas, fille orgueilleuse, reprit-il, en élevant la voix et d'un ton qui trahissait la honte d'être ainsi éconduit. Il te plaît de te moquer de moi, adieu !

Ce disant, il tourna le dos, enfonça son bonnet sur l'oreille et s'éloigna fièrement en promenant doucement ses doigts sur les cordes de la bandoura.

Le loquet en bois de la porte tourna en ce moment, la porte s'ouvrit en grinçant, et une

---

(1) Cafetan.

jeune fille à son dix-septième printemps franchit le seuil, enveloppée par le crépuscule et regardant timidement autour d'elle. Dans la demi-obscurité rayonnaient sympathiquement comme de petites étoiles ses yeux clairs, son collier de corail rouge étincelait, et, aux yeux d'aigle du jeune homme, ne pût échapper même la rougeur qui s'alluma pudiquement sur ses joues.

— Que tu es impatient ! lui disait-elle à demi-voix. Te voilà déjà fâché. Pourquoi avoir choisi une pareille heure? La rue est pleine de monde qui va et vient. Je tremble toute...

— Oh ! Ne tremble pas, ma sensitive. Serre-toi plus fort contre moi, dit le jeune homme en l'entourant de ses bras, après avoir rejeté en arrière sa *bandoura* suspendue à une courroie, et en s'asseyant avec elle à la porte de la khata. Tu sais bien comme il m'est douloureux de rester une heure sans te voir.

— Sais-tu ce que je pense, interrompit la jeune fille, en fixant sur lui ses yeux songeurs ; — quelque chose me murmure à l'oreille qu'à l'avenir nous ne pourrons plus nous voir aussi souvent. Ils sont mauvais les gens d'ici ; toutes les jeunes filles vous regardent avec jalousie et les jeunes gens... Je remarque même que ma mère, depuis quelque temps, me surveille de plus près. J'avoue que je me sentais plus gaie chez les étrangers.

Une expression douloureuse passa sur son visage à ces derniers mots.

— Depuis deux mois à peine dans ton pays natal, et déjà tu t'ennuies ! Peut-être que moi aussi, je t'importune ?

— Oh non ! toi, tu ne m'importunes pas, — dit-elle avec un sourire. — Je t'aime, Cosaque aux noirs sourcils. Je t'aime pour tes yeux fauves, et, quand tu les fixes sur moi, il me semble que quelque chose sourit dans mon âme. Que tu marches dans la rue, que tu chantes ou que tu joues de la *bandoura*, j'aime à t'écouter.

— Oh ! Ma Halia (1), s'écria le jeune homme en l'embrassant et en la pressant plus fort contre sa poitrine.

(1) Autre diminutif de Hanna.

— Voyons, assez Levko, dis plutôt si tu as déjà parlé à ton père.

— Quoi ? fit-il comme sortant d'un rêve, que je veux me marier et toi m'épouser ? je l'ai dit.

Mais ce « je l'ai dit » résonna tristement dans sa bouche.

— Hé bien ?

— Que puis-je y faire? Le vieux raifort a fait le sourd comme toujours. Il n'entend rien et il me gronde par-dessus le marché, me reprochant de courir je ne sais où avec je ne sais qui. Mais ne te chagrine pas, ma Halia, je te donne ma parole de Cosaque, que je saurai en avoir raison.

— Mais tu n'as qu'un mot à dire, Levko, et il sera fait selon ta volonté. Je le sais par moi-même ; parfois je voudrais bien ne pas te céder, mais, à ta première parole, je fais malgré moi tout ce que tu veux. Regarde, regarde, continua-t-elle en posant sa tête sur l'épaule du jeune homme et en élevant ses yeux vers le ciel bleu et chaud de l'Ukraine voilé en bas par les branches frisées des cerisiers qui les entouraient, regarde comme loin, bien loin, apparaissent de petites étoiles : une, deux, trois, quatre, cinq..... n'est-ce pas que ce sont les anges de Dieu qui ont ouvert les petites fenêtres de leurs lumineuses demeures et qui nous observent, n'est-ce pas, Levko ? N'est-ce pas que ce sont eux qui contemplent notre terre ? Ah ! si les hommes avaient des ailes comme les oiseaux, c'est là qu'il faudrait voler, plus haut, toujours plus haut... C'est effrayant, pas un chêne de chez nous ne saurait atteindre le ciel ! On dit cependant qu'il y a quelque part, dans je ne sais quel lointain pays, un de ces arbres qui fait sa cime dans le ciel même, et c'est par là que Dieu descend sur la terre la nuit qui précède Pâques.

— Non, Halia, Dieu a une longue échelle qui va du ciel jusqu'à la terre. Dans la nuit du samedi saint, les archanges la dressent, et, dès que Dieu a mis le pied sur le premier échelon, tous les mauvais esprits s'enfuient précipitamment et tombent en masse dans l'enfer. Voilà pourquoi, à Pâques, il ne se rencontre plus un seul mauvais esprit sur la terre.

— Comme l'eau s'agite doucement ! on

dirait un enfant qu'on berce, reprit Hanna en désignant l'étang entouré d'un noir fourré d'érables et de saules pleureurs baignant dans l'eau leurs branches plaintives.

Semblable à un vieillard débile, il tenait dans sa froide étreinte le sombre ciel lointain, couvrant de baisers les étoiles brûlantes qui répandaient leur pâle lumière dans l'air sombre de la nuit comme si elles pressentaient la prochaine venue du roi éclatant de la nuit. Près de la forêt, sur la montagne, sommeillait avec ses contrevents fermés une vieille maison en bois; la mousse et l'herbe sauvage couvraient le toit. Les pommiers s'étageaient devant les fenêtres; la forêt l'enveloppant de son ombre, donnait à cette maison un aspect morne et farouche; un petit bois de noyers s'élevait au pied de la colline et descendait jusqu'à l'étang.

— Je me rappelle comme à travers un rêve, dit Hanna, qu'il y a longtemps, longtemps, quand j'étais encore toute petite et que je vivais chez ma mère, on me racontait sur cette maison quelque chose de terrible; tu dois connaître cette histoire, Levko, raconte-la-moi.

— Laissons cela, ma belle, que d'histoires ne racontent pas les *babas* et les sots! Ce serait de l'inquiétude inutile ; tu prendrais peur et tu ne t'endormirais pas tranquille.

— Raconte, raconte, mon chéri, mon *parobok* aux noirs sourcils, — disait-elle en appuyant son visage sur la joue du jeune homme et en l'entourant de ses bras, — sinon, c'est que tu en aimes une autre. Je n'aurai pas peur, je m'endormirai tranquillement. C'est si tu ne me dis rien que je ne pourrai pas m'endormir ; je m'agiterai avec cette idée en tête. Raconte, Levko.

— On a bien raison de dire qu'il y a du diable chez les jeunes filles, qui les pousse à vouloir tout connaître. Eh bien, soit ! écoute :

— Il y a longtemps, mon petit cœur, vivait dans cette maison un sotnik (1). Ce sotnik avait une fille, une belle enfant blanche comme la neige, comme ton petit visage. Ce sotnik pensa à se remarier. — Me dorloteras-tu comme avant, père, quand tu auras pris une autre femme? — Oui, ma fille, je te pres-

(1) Commandant une sotnia, une compagnie de cent cosaques.

serai plus fort encore contre mon cœur, — oui, ma fille, je te donnerai des boucles d'oreilles et des colliers plus éclatants encore. Et le sotnik amena dans la maison sa jeune femme.

Elle était belle, cette jeune femme; rose et blanche était cette jeune femme.

Mais elle jeta sur la jeune fille un regard si effrayant que celle-ci poussa un cri; et, de toute la journée, la sévère marâtre ne lui adressa pas la parole. Le sotnik gagna avec sa femme la chambre à coucher. Dans sa chambre, également, s'enferma la blanche demoiselle; elle se sentait accablée et se mit à pleurer. Elle lève les yeux : un horrible chat noir s'est glissé furtivement jusqu'à elle; ses poils flamboient, ses griffes de fer résonnent sur le plancher. Epouvantée, elle saute sur un banc, le chat monte après elle. Elle saute sur le poêle et le chat la suit encore; et soudain, il se jette à son cou et cherche à l'étrangler. Elle l'arrache avec un cri et le jette par terre; de nouveau le terrible chat s'approche d'elle. La colère la prend; un sabre était accroché au mur, elle le saisit et frappe. Sous le coup, une patte est restée armée de ses griffes de fer. Et le chat, en hurlant, disparaît dans l'obscurité.

De toute la journée, la jeune femme ne sortit pas de sa chambre. Elle sortit le troisième jour, mais la main bandée. La pauvre demoiselle comprit que sa marâtre était une sorcière et qu'elle lui avait coupé la main.

Le quatrième jour, le sotnik ordonna à sa fille d'aller à l'eau, de balayer la khata comme une simple *moujitchka* (1) et de ne plus paraître dans la chambre de maître. C'était dur pour la pauvrette ; mais que faire ? elle se résigna aux ordres de son père. Le cinquième jour, le sotnik chassa sa fille les pieds nus et ne lui donna pas même un morceau de pain pour la route. Alors, seulement, la jeune fille éclata en sanglots, en couvrant de ses mains son blanc visage. — « Tu m'as perdue, ô père ! moi, ta propre fille ! la sorcière perdra ton âme pécheresse. Que Dieu te pardonne ! Pour moi, infortunée, je n'ai plus rien à faire ici-bas... »

— Et là-bas, vois-tu bien ?... Ici Levko se

(1) Femme de moujik.

retourna vers Hanna, en montrant du doigt une maison. — Regarde de ce côté, là-bas, un peu au-delà de la maison, la berge la plus élevée de l'étang, c'est de cette berge que la jeune fille se précipita dans l'eau, et, depuis, elle n'est plus de ce monde.

— Et la sorcière? interrompit anxieusement Hanna, en fixant sur le jeune homme ses yeux pleins de larmes.

— La sorcière? Les vieilles femmes prétendent que depuis lors, toutes les noyées sortent de l'étang par les nuits claires et viennent dans le jardin du sotnik se chauffer aux rayons de la lune. Et la jeune fille mène le funèbre cortège. Une nuit, elle aperçut sa marâtre auprès de l'étang ; elle tomba sur elle et l'entraîna avec des cris dans l'eau ; mais la sorcière lui joua un dernier tour. Elle se transforma sous l'eau en une des noyées et elle put ainsi échapper à la volée des roseaux verts que les noyées voulaient lui administrer. Les babas en content encore bien d'autres !

« Elles rapportent, par exemple, que la jeune fille réunit chaque nuit les noyées qu'elle passe en revue, les dévisageant l'une après l'autre et s'efforçant de reconnaître celle qui cache la sorcière. Mais jusqu'à présent, ses efforts ont été vains ; et si elle rencontre quelque vivant, elle l'oblige à l'aider dans ses recherches, le menaçant, en cas de refus, de le noyer à son tour. — Voilà, ma Halia, ce que racontent les vieilles gens. Le maître actuel de la maison a l'intention de la transformer en distillerie ; il a, à cet effet, envoyé ici un distillateur... Mais j'entends des voix, ce sont les nôtres qui reviennent de la danse. Adieu, Halia ! Dors en paix et ne pense pas à toutes ces inventions des babas. »

Cela dit, il l'étreignit plus étroitement, l'embrassa et partit.

— Adieu, Levko, fit Hanna, sans détacher ses yeux songeurs de la forêt sombre.

L'immense lune en feu surgissait en ce moment majestueuse de l'horizon ; une moitié était encore sous la terre et déjà le monde entier était inondé d'une lumière sereine. L'étang éclata en étincelles ; l'ombre des arbres commençait à se dessiner nettement sur la sombre verdure.

— Adieu Hanna! — et ce mot qui retentit derrière elle fut accompagné d'un baiser.

— Le voilà de retour, dit-elle en se retournant; mais en apercevant devant elle un inconnu, elle se rejeta en arrière.

— Adieu Hanna! — Ce mot retentit de nouveau, et de nouveau quelqu'un déposa un baiser sur sa joue.

— Voilà que le diable en a envoyé un autre, dit-elle avec colère.

— Adieu chère Hanna! Et des baisers tombaient sur elle de tous côtés.

— Mais il y en a ici toute une légion! — exclama Hanna en s'arrachant à la foule des jeunes gens qui l'embrassaient à l'envi. Comment, n'est-ce pas assez de ces embrassades sans fin? Bientôt, pardieu, on ne pourra plus se montrer dans la rue!

Sur ces paroles, la porte se referma et l'on n'entendit plus que le grincement de la barre que l'on poussait.

CHAPITRE II

LE BAILLI

Connaissez-vous la nuit de l'Ukraine? oh! vous ne connaissez pas la nuit de l'Ukraine. Contemplez-la. Au milieu du ciel, la lune regarde; la voûte incommensurable s'étend et paraît plus incommensurable encore; elle s'embrase et respire. Toute la terre est dans une lumière d'argent; l'air admirablement pur est frais, et, pourtant, il suffoque, chargé de langueur et devient un océan de parfums. Nuit divine! Nuit enchanteresse! Inertes et pensives, les forêts reposent pleines de ténèbres, projetant leurs grandes ombres. Silencieux et immobiles sont les étangs; la froideur et l'obscurité sont mornement emprisonnées dans les murailles vert sombre des jardins. Le fourré vierge de merisiers et de cerisiers étend pensivement ses racines dans le froid de l'eau; par instants ses feuilles murmurent comme dans un frisson de colère, quand le vent libertin de la nuit se glisse et leur surprend un baiser. Toute l'étendue dort. Au-dessus, là-haut, tout respire; tout est splendide et triomphal, et, dans l'âme, s'ouvrent des espaces sans fin; une foule de visions argentées se lèvent harmonieusement dans ses profondeurs. Nuit divine! Nuit enchanteresse! Soudain, tout s'anime : et les forêts, et les étangs et les steppes. Le grondement majestueux du rossignol de l'Ukraine éclate et il semble que la lune s'arrête au milieu du ciel pour écouter..... Sur la colline, le village sommeille comme enchanté. D'un éclat plus vif brillent aux rayons de la lune les lignes des chaumières; plus éclatantes, surgissent de l'ombre leurs murailles basses. Les chants se sont tus; tout est silencieux. Les honnêtes gens sont déjà endormis. Çà et là, cependant, sautille quelque étroite fenêtre. Sur le seuil d'une rare cabane, une famille attardée achève de souper.

« Mais le *Hopak* (1) ne se danse pas ainsi. Non, non; ce n'est pas cela. Que me disait donc mon confrère?... Allons! hop, tra la la, hop, tra la, hop, hop, hop. »

Ainsi se parlait à lui-même un moujik d'âge mûr quelque peu éméché, en traversant la rue.

— Pardieu ! ce n'est pas ainsi que se danse le Hopak. Pourquoi me mentir? Pardieu, non ce n'est pas cela. Allons hop, hop, tra la, hop tra la, hop, hop, hop.

— Est-ce qu'il perd la tête celui-là ? Passe encore pour un jeune homme, mais un vieux sanglier comme lui, danser ainsi dans la rue pour la risée des enfants ! — s'écria une vieille femme qui passait portant une brassée de paille. — Rentre donc chez toi ; il est largement temps de dormir.

— On y va, dit en s'arrêtant le moujik ; on y va. Ce n'est pas le bailli qui m'en empêchera. Pour qui me prend-il ? Parce qu'il fait verser de l'eau froide sur des gens déjà gelés, il s'avise de lever le nez. Bailli ! Bailli ! mais je suis moi-même mon bailli. Et que le diable

(1) Danse nationale de l'Ukraine.

m'emporte ! Que m'emporte le diable ! je suis moi-même mon bailli. C'est entendu, bien entendu, — continua-t-il, en s'approchant de la première Khata venue, à la fenêtre de laquelle il s'arrêta, tâtant du doigt les vitres et cherchant à saisir le loquet en bois.

— Baba, ouvre ! baba, vite ! On te dit : Ouvre ! Il est temps de dormir, pour le Cosaque.

— Où vas-tu, Kalenik ? Te trompes-tu de porte ? — criaient au milieu des rues, derrière lui, des jeunes filles rentrant de la danse. — Faut-il te montrer ta Khata.

— Montrez, mes chères petites.

— Ses chères petites ! — entendez-vous ? exclama l'une d'elles. — Comme il est aimable ce Kalenik ! Il mérite qu'on lui indique sa Khata... mais non, danse d'abord.

— Danser !... Et vous, coquines, — fit d'une voix traînante Kalenik en les menaçant du doigt; et riant et flageolant sur ses jambes il reprit : Vous laisserez-vous embrasser ? Je vous embrasserai toutes, toutes...

Et titubant, il se mit à leur poursuite.

Les jeunes filles se mirent à crier et à courir

en se précipitant les unes sur les autres ; mais bientôt elles reprirent courage en s'apercevant qu'il n'était pas solide sur ses jambes, et elles passèrent de l'autre côté de la rue.

— La voilà ta Khata, lui crièrent-elles en s'éloignant et en lui désignant une maison un peu plus grande que les autres et qui appartenait au bailli du village.

Kalenik suivit docilement la direction indiquée en se mettant de nouveau à injurier le bailli.

Mais qui donc est ce bailli qui a pu provoquer des paroles aussi peu flatteuses à son adresse ? Oh ! ce bailli est un important personnage. Avant que Kalenik n'arrive à la fin de son voyage, nous aurons sans doute le temps de vous le faire connaître.

Tout le village en l'apercevant lui tire son bonnet, et les plus jeunes filles lui adressent leur plus gracieux bonjour. Qui parmi les hommes, ne voudrait pas être bailli ? Pour lui, l'entrée est libre dans toutes les habitations, et le plus hardi moujik reste humblement tête nue tout le temps où il plaît au bailli de fourrer ses gros doigts dans son tabac. A

7

l'assemblée du *mir* (1), bien que son pouvoir soit limité par la majorité, le bailli prend toujours le dessus, et presque à sa guise.

Grave et renfrogné, le bailli est avare de ses paroles.

Il y a longtemps, bien longtemps, lorsque la grande Czarine Catherine — de bienheureuse mémoire — faisait son voyage de Crimée, il fut choisi pour l'escorter. Deux jours entiers, il remplit cette fonction, et il eut même l'insigne honneur de s'asseoir sur le siège du cocher impérial. Depuis ce temps le bailli a appris à baisser la tête d'un air important et absorbé, caressant ses longues moustaches et jetant, en dessous, un regard de faucon. Depuis ce temps, quel que fût le sujet de la conversation, il trouvait moyen de rappeler comment il avait conduit la Czarine et comment il s'était assis sur le siège de la voiture impériale.

Le bailli aime parfois à faire le sourd, surtout quand il entend ce qu'il ne voudrait pas entendre. Le bailli ne peut pas souffrir une mise recherchée; il porte invariablement une *svitka* en drap noir tissé à la maison, sur la-

(1) Assemblée des chefs de famille de la commune.

quelle est passée une ceinture en laine de couleur ; et personne ne l'a jamais vu dans un autre accoutrement, sauf le temps du voyage de la Czarine en Crimée, lorsqu'il avait revêtu un cafetan bleu de Cosaque. Il est d'ailleurs peu probable que oncques, dans le village, se souvienne de ce temps. Quant au cafetan, il le tient toujours enfermé à clef dans une malle.

Le bailli est veuf, mais il a une parente avec lui qui lui fait la cuisine, lave les bancs, blanchit à la chaux la Khata, lui tisse de la toile pour chemises et dirige toute la maison. On prétend dans le village qu'elle n'est pas sa parente ; mais nous avons déjà vu que le bailli a beaucoup d'ennemis très heureux de répandre des calomnies sur son compte. D'ailleurs, ce qui pourrait donner prétexte à ces *on dit*, c'est que la parente en question ne cacherait pas son mécontentement chaque fois que le bailli entrerait dans un champ où se trouveraient des moissonneuses ou chez quelque Cosaque possédant une jeune fille.

Le bailli est borgne ; mais en revanche son unique œil est un luron, il voit de loin une jolie villageoise ; il ne le fixe cependant pas sur un joli minois sans s'être bien assuré que sa parente ne l'épie pas de quelque part.

Nous avons déjà presque tout dit au sujet du bailli, et l'ivrogne Kalenik n'est pas encore arrivé à moitié chemin ; et longtemps encore il continuera à déverser sur le bailli toutes les épithètes choisies qui ne pouvaient naître que sous sa langue épaisse et lourde.

CHAPITRE III

UN RIVAL INATTENDU — LE COMPLOT

— Non, amis, non, ne veux pas. Assez de folies ! Tout doit avoir une fin. On ne nous traite que déjà trop de cerveaux brûlés ! Allons nous coucher !...

Ainsi parlait Levko à ses compagnons de noces qui voulaient l'entraîner à de nouvelles escapades.

— Adieu, frères. Bonne nuit. — Et il s'éloigna à grands pas.

« Ma Hanna dort-elle ? » pensait-il en s'approchant de la Khata aux cerisiers nains que nous connaissons.

Le silence fut soudain interrompu par des paroles échangées à voix basse.

Levko écouta. Le blanc d'une chemise (1) s'apercevait à travers les arbres.

« Qu'est-ce que cela signifie ? » pensa-t-il. Et se glissant en avant, il se cacha derrière le tronc d'un arbre.

A la clarté de la lune, éclatait un visage de jeune fille... C'est Hanna ! « Mais quel est donc cet homme de grande taille dont je ne vois que le dos ? » En vain écarquillait-il les yeux, l'ombre lui cachait l'inconnu des pieds à la tête. La poitrine seule était un peu éclairée ; et le moindre pas en avant de Levko l'eût exposé à se faire surprendre.

S'appuyant sans bruit contre l'arbre, il résolut de rester immobile.

La jeune fille prononça distinctement son nom.

— Levko ?... Levko est encore un blanc-bec — disait d'une voix basse et enrouée l'homme de haute taille. — Si je le rencontre jamais chez toi, je lui tirerai les oreilles...

— Je voudrais bien connaître le coquin qui se vante de me tirer les oreilles — se dit

---

(1) Les Ukraniens portent des chemises comme des blouses en guise de vêtement

Levko, et il avança la tête de façon à ne pas perdre un seul mot ; mais l'inconnu continuait à parler si bas, qu'il était impossible de rien entendre.

— Tu n'as donc pas honte ! fit Hanna, après que son interlocuteur se fut tu, — tu mens, tu me trompes, tu ne m'aimes pas ; je ne croirai jamais que tu m'aies aimée !

— Je sais, reprenait l'homme de haute taille, Levko t'a conté un tas de bêtises et il t'a fait tourner la tête.

Cette fois il parut au jeune homme que la voix de l'inconnu ne lui était plus aussi inconnue, qu'il l'avait déjà entendue quelque part.

— Je me charge de ton Levko, continuait toujours l'inconnu. Il s'imagine que je ne vois pas toutes ses polissonneries. Je lui apprendrai, à ce fils de chien, la couleur de mes poings.

A ces paroles, Levko ne put retenir sa colère. Se précipitant vers l'inconnu, il leva son bras sur lui pour lui administrer une volée sous laquelle, tout robuste qu'il fût, l'inconnu n'aurait pu tenir, mais, au même moment, la lune éclaira son visage, et Levko resta comme pétrifié, il avait devant lui son père.

Seuls un hochement de sa tête et un léger sifflement exprimèrent sa stupéfaction.

On entendit un frôlement. Hanna disparut dans sa Khata en poussant derrière elle la porte.

— Adieu Hanna ! s'écria alors un des jeunes gens survenant tout à coup et ouvrant ses bras pour la suivre ; mais, ô terreur ! il se rejeta en arrière, stupéfait de s'être heurté aux raides moustaches du bailli.

— Adieu, adieu, Hanna, continuèrent plusieurs jeunes gens en se suspendant à son cou.

— Allez au diable, polissons maudits, hurlait le bailli en se débattant et en frappant rageusement la terre du pied. — Pour quelle Hanna me prenez-vous ? Allez donc prendre à la potence la place de vos pères, fils de Satan ! Vous êtes comme autant de mouches après le miel. Je vous en donnerai des Hanna !...

— Le bailli ! le bailli ! c'est le bailli ! s'écrièrent les jeunes gens en se dispersant de tous côtés.

— Voyez-vous ce père! fit Levko revenu de sa stupeur et suivant des yeux le bailli qui s'éloignait en jurant — quel polisson cela fait! c'est joli! Et moi qui m'étonnais et qui ne comprenais rien à cette énigme de la sourde oreille qu'il me fait lorsque je lui parle de mes amours. Attends un peu, vieux raifort; je t'apprendrai à courir la fiancée d'autrui.

— Hé! hé! vous autres. Ici, ici, criait Levko en faisant de la main signe à ses amis qui, de nouveau, s'étaient rassemblés. — Venez vite. Je vous ai tout à l'heure engagés à aller vous coucher, mais maintenant j'ai réfléchi, me voilà prêt à nocer avec vous toute la nuit s'il faut.

— A la bonne heure, reprit l'un d'eux large d'épaules et bien bâti et qui passait pour le premier noceur et le plus grand polisson de la bande. — Je ne suis pas dans mon assiette lorsque je n'ai pas assez nocé. Il me semble qu'il me manque quelque chose, comme si j'avais perdu mon bonnet ou ma pipe. En un mot, je ne suis plus un Cosaque, c'est tout dire.

— Etes-vous décidés à bien faire endiabler le bailli?

— Le bailli?

— Oui, le bailli. Qu'est-ce qu'il s'est fiché dans la tête? Il fait ici son hetmann. Il ne lui suffit pas de nous traiter en esclaves, il s'acharne encore après nos filles. Il n'est peut-être pas dans tout le village une seule fille à peu près jolie qu'il n'ait relancée.

— C'est vrai! c'est vrai! s'écrièrent-ils tous d'une seule voix.

— Eh! quoi donc, enfants; nous prendrait-on pour la vile race de Cham? Nous ne sommes pas du même sang que lui. Grâce à Dieu, nous sommes de libres Cosaques. Prouvons-lui, camarades, que nous sommes de libres Cosaques!

— Nous le prouverons! exclamèrent les jeunes gens, et si nous réglons nos comptes avec le bailli, il ne faudra pas oublier le scribe.

— Le scribe ne sera pas oublié. J'ai précisément pour la criconstance une chanson toute prête contre le bailli. En route, je vais vous l'apprendre, ajouta Levko en pinçant les cordes de sa *bandoura*. Que chacun se travestisse comme bon lui semblera.

— Arrière, toi, tête de Cosaque, dit notre robuste polisson en frappant pied contre pied et en faisant claquer ses mains. Quelle fête! quelle liberté! quand tu te mets à délirer, il te revient comme une bouffée des anciens temps. C'est bon à ton cœur libre et ton âme est comme dans le paradis. Hé compagnons! Hé! amusez-vous!...

La foule s'élança bruyamment à travers les rues; et les honnêtes vieilles femmes, réveillées par les cris, soulevaient leurs fenêtres, et en se signant de leurs mains endormies, elles murmuraient : « Allons, les *parobki* s'amusent aujourd'hui. »

IV

LES PAROBKI S'AMUSENT

Une seule khata est encore éclairée à l'extrémité de la rue. C'est la demeure du bailli. Le bailli a depuis longtemps fini de souper et depuis longtemps déjà, il serait endormi, sans doute, s'il n'avait chez lui un convive, le distillateur envoyé pour installer la distillerie par le *Pomiestchik* (1) qui prendrait un petit lopin de terre au milieu des Cosaques libres.

Juste sous les ikônes, à la place d'honneur, était assis le convive, un petit homme tout rond, aux petits yeux toujours riants où reluisait le plaisir de fumer sa courte pipe en crachant à tout instant et en tassant de son doigt la cendre de tabac qui

(1) Seigneur, propriétaire rural.

débordait. Le nuage de fumée qui s'épanouissait au-dessus de sa tête, l'enveloppait d'une brume grisâtre. On eût dit un large tuyau de cheminée de distillerie qui, s'ennuyant de monter la garde sur son toit, se serait avisé de s'échapper et d'aller confortablement s'asseoir à la table du bailli. Sous son nez se dressaient de courtes et épaisses moustaches, mais elles ne s'entrevoyaient que par instants et si indistinctement, à travers l'atmosphère du tabac, qu'elles semblaient une souris que le distillateur aurait happée et tiendrait dans sa bouche au détriment du monopole du chat de la grange.

Le bailli, comme maître de maison, était assis simplement vêtu d'une chemise et d'un pantalon de toile. Son œil d'aigle, comme un soleil couchant, commençait peu à peu à cligner et à s'éteindre. Au bout de la table, fumait sa pipe un des dizainiers du village qui composaient la garde du bailli. Par déférence pour le maître, il portait sa svitka.

— Pensez-vous bientôt installer votre distillerie? dit le bailli en s'adressant au distillateur et en faisant un signe de croix sur sa bouche ouverte pour un bâillement.

— Dieu aidant, il se peut que nous distillions dès cet automne. A la Pokrov(1) je gage que monsieur le bailli zigzaguera (textuellement : *écrira de ses pieds des croissants allemands*) dans la rue.

Sur ces mots, les yeux du distillateur disparurent et firent place à des plis allant jusqu'aux oreilles ; tout son corps fut secoué d'un fou rire et ses lèvres joyeuses quittèrent pour un moment la pipe fumante.

— Plaise à Dieu ! fit le bailli dont le visage exprima quelque chose qui voulait être un sourire. Aujourd'hui encore, il ne se monte que peu de distilleries, mais, dans l'ancien temps, alors que j'accompagnais la Czarine sur la route de Pereïaslav, défunt Bezborodko...

— A quelle époque tu nous ramènes, compère ! Alors, de Krementchoug jusqu'à Romen même, à peine si on pouvait compter deux distilleries, tandis qu'aujourd'hui... As-tu

(1) Fête de l'Église russe. Intercession de la Vierge qui a lieu le premier octobre, et est devenue pour les moujiks une date courante comme la Saint-Jean, la Toussaint, etc.

ouï dire ce que les maudits Allemands ont inventé ? Bientôt, paraît-il, on ne distillera plus au bois comme tous les honnêtes chrétiens, mais avec quelque vapeur de diable...

En prononçant ces paroles, le distillateur fixait ses regards vers la table sur ses mains qu'il y avait appuyées.

— Comment fera-t-on avec la vapeur ? C'est ce que, pardieu, je ne m'explique pas !

— Quels imbéciles que ces Allemands — fit le bailli. — Il faudrait les fustiger, ces fils de chien ! A-t-on jamais eu l'idée de faire bouillir quelque chose avec la vapeur. On ne pourra plus porter une cuillerée de *borstck* (soupe) à sa bouche sans se brûler les lèvres comme un cochon de lait...

— Et toi, compère, interrompit la parente assise sur le poêle les jambes repliées, est-ce que tu vas vivre ici tout le temps sans ta femme ?

— Eh ! qu'en ai-je besoin ? Ce serait autre chose si elle en valait la peine.

— Elle n'est donc pas jolie ? demanda le bailli en fixant sur lui son œil unique.

— Jolie ? vieille comme le diable. Tout son

museau n'est qu'un amas de rides ; on dirait une bourse vidée.

Et la basse charpente du distillateur s'ébranla de nouveau d'un rire énorme.

A ce moment un frôlement s'entendit derrière la porte ; la porte s'ouvrit et un moujik, sans ôter son bonnet, franchit le seuil et s'arrêta au milieu de la khata, comme absorbé dans ses réflexions, la bouche ouverte et examinant le plafond. C'était notre connaissance Kalenik.

— Me voici arrivé chez moi, dit-il, en s'asseyant sur un banc près de la porte, et sans faire la moindre attention aux personnes présentes. — Ce fils du malin, a-t-il allongé la route. On marche, on marche, et pas de fin, on dirait que quelqu'un m'a brisé les jambes. Cherche-moi, baba, mon *touloupe* (1) pour l'étendre sous moi. Je n'irai pas auprès de toi sur le poêle ; ma parole ! je n'irai pas. Les jambes me font trop mal. Donne-le !... il est là, auprès des ikônes. Prends garde seulement de renverser le pot au tabac ; ou plutôt non, n'y touche pas ! n'y touche pas ! Tu es peut-

(1) Pelisse en peau de mouton.

être ivre aujourd'hui : laisse, je vais le chercher moi-même.

Kalenik fit un effort pour se soulever, mais une force irrésistible le cloua sur le banc.

— Pas gêné ! dit le bailli. Il est dans la Khata des autres ; il y donne des ordres comme chez lui ; qu'on le mette dehors et vite !...

— Laisse-le, compère, répondit le distillateur en le retenant par la main. C'est un homme précieux ; plus il y en aura de son espèce, plus marchera notre distillerie...

Ce n'était cependant pas par bonté d'âme qu'il s'exprimait ainsi ; le distillateur était superstitieux ; il croyait que chasser un homme à peine entré, portait malheur.

— Et que sera-ce quand viendra la vieillesse ? grognait Kalenik en s'étendant sur le banc. — Passe encore si j'étais ivre ! mais, moi ! Je ne suis pas ivre, non, je ne le suis pas. Pourquoi mentirais-je ? Je suis prêt à le soutenir devant le bailli lui-même. Que m'importe le bailli ! qu'il crève, ce fils de chien ! Je crache sur lui. Qu'une charrue passe sur ce borgnon du diable ! Parce qu'il verse de l'eau glacée sur des gens qui gèlent...

— Hé! Hé! Laissez entrer le cochon dans la maison, et, immédiatement, il met ses pattes sur la table, dit le bailli en se levant tout en colère. Mais, au même instant, une grosse pierre faisant voler la fenêtre en éclats, vint tomber à ses pieds. Le balli s'arrêta... — Si je savais, reprit-il, en ramassant la pierre, quel est l'échappé de potence qui l'a lancée, je lui apprendrais à tirer. Quelle coquinerie! — continua-t-il en examinant le projectile d'un regard désespéré. Puisse cette pierre l'étouffer.

— Halte-là! Halte-là! que Dieu t'en préserve, compère, interrompit vivement le distillateur en pâlissant, que Dieu te préserve dans ce monde et dans l'autre de gratifier personne d'un pareil souhait!...

— Ne vas-tu pas encore prendre sa défense? qu'il crève!...

— Loin de toi une pareille pensée, compère. Tu ne sais probablement pas ce qui est arrivé à ma défunte belle-mère. Oui! à ma belle-mère. Un soir, peut-être un peu plus tôt qu'il n'est à présent, on soupait : Défunte belle-mère, défunt beau-père, un valet de ferme et une servante et une demi-douzaine d'enfants. La belle-mère avait versé des galouchki de l'énorme marmite dans un plat pour qu'elles ne fussent pas aussi chaudes. Ce travail terminé, tous avaient grand faim et ne voulaient pas attendre qu'elles se refroidissent. En les piquant avec de longues aiguilles de bois, ils se mirent à manger. Soudain, survint on ne sait d'où, un homme (Dieu sait qui il était), demandant à ce qu'on lui fît place. Comment ne pas donner à manger à un homme affamé ! On lui donne aussi une aiguille; mais l'hôte engloutissait les galouchki comme une vache le foin. Avant que les autres aient avalé une galouchka et ne soient mis en mesure d'en prendre une seconde, le fond du plat était aussi net qu'une dalle d'église. La belle-mère le remplit de nouveau. Elle pensait qu'ayant déjà apaisé sa faim, l'inconnu procéderait moins vite. Pas du tout, il n'en dévora que plus fort et il vida le second plat. « Puisses-tu étouffer de ces galouchki! pensa la belle-mère affamée. Lorsque tout à coup, il avala de travers ; il tomba. On s'empressa autour de lui. La vie n'y était plus ! il était étouffé.

— Il ne l'avait pas volé ! le maudit goulu !.. exclama le bailli.

— Volé ou non ! depuis ce soir, ma belle-mère n'eut plus de repos. Aussitôt la nuit, le mort se dressait ; il s'asseyait à cheval sur la cheminée, le maudit, et tenait la *galouchka* entre ses dents. Pendant le jour tout allait bien ; aucune trace de lui ; mais aussitôt qu'il faisait sombre... regardez le toit ; il enfourche déjà le tuyau, ce fils de chien !...

— Et la galouchka entre ses dents ?

— La galouchka entre ses dents.

— Étrange ! compère ; j'ai entendu quelque chose d'approchant, moi aussi, à propos de la défunte...

Mais le bailli s'arrêta, on entendait vers la fenêtre du bruit et un piétinement de danseurs. D'abord, les légers sons de la bandoura auxquels vint s'ajouter une voix. La bandoura résonna plus fort ; plusieurs voix l'accompagnaient et la chanson éclata comme un ouragan :

Amis, avez-vous entendu ?
Vos têtes ne sont donc pas solides !...
Chez le borgne bailli
Les douves de la tête se sont disjointes.
Tonnelier, ressoude lui la tête
Avec des cercles en acier.
Remets-lui, tonnelier, la tête,
A coups de fouet, à coup de fouet.

Notre bailli est grisonnant et borgne,
Vieux comme le diable et imbécile,
Despote et débauché.
Il se frotte aux filles, l'imbécile.
Et ça se mêle aux *parobki!*
Il faudrait te mettre dans la bière;
T'arracher les moustaches et te bourrer de coups
Te tirer les cheveux, te tirer les cheveux.

— Une jolie chanson ! compère, dit le distillateur en inclinant la tête de côté et en se tournant vers le bailli pétrifié de tant d'audace, — très jolie ! le dommage est qu'elle parle du bailli dans des termes pas tout à fait convenables.

Et il apposa de nouveau ses mains sur la table, les yeux pleins d'un doux attendrissement en se disposant à écouter encore, car, sous la fenêtre, retentissaient des rires et les cris : Bis ! bis !

Cependant un œil attentif aurait découvert que ce n'était pas la stupeur qui retenait si longtemps le bailli sur place.

C'est ainsi qu'un vieux matou expérimenté laisse parfois courir autour de sa queue une souris sans expérience, tout en échafaudant un plan pour lui couper la retraite.

L'œil solitaire du bailli était encore fixé sur la fenêtre que déjà sa main, après avoir fait signe au dizainier, s'était emparée du loquet en bois de la porte... et, soudain, dans la rue, une rumeur s'éleva...

Le distillateur qui, à une foule d'autres qualités, joignait la curiosité, bourrant rapidement sa pipe, se précipita à son tour dehors, mais les espiègles étaient déjà dispersés.

— Non ! tu ne m'échapperas pas ! criait le bailli, en traînant par la main un individu enveloppé dans un touloupe noir retourné (1)

Profitant de la circonstance, le distillateur accourut regarder le visage de ce trouble-fête, mais il recula effrayé en apercevant une longue barbe et un museau entièrement peint.

— Non ! tu ne m'échapperas pas, criait le

() Pelisse de peau de mouton dont la laine se trouve à l'intérieur.

bailli en continuant à traîner dans le vestibule son prisonnier lequel, sans opposer la moindre résistance, le suivait docilement comme s'il entrait dans sa propre khata.

— Karpo, ouvre le cachot, dit le bailli au dizainier. Nous allons l'enfermer dans le cachot noir, puis nous réveillerons le scribe ; nous réunirons les dizainiers ; nous ferons une rafle de tous ses complices et, aujourd'hui même, nous règlerons leur compte.

Le dizainier fit résonner un petit cadenas et ouvrit le cachot.

A ce moment, le prisonnier, profitant de l'obscurité du vestibule, se dégagea de ses mains avec une force extraordinaire.

— Halte là ! exclama le bailli en le saisissan plus fortement au collet.

— Laisse donc ! c'est moi, fit entendre une voix aigrelette.

— Inutile ! inutile ! frère, tu auras beau piauler, non seulement comme un diable mais comme une baba, tu ne me donneras pas le change, — et il le poussa avec une telle violence dans le cachot sombre que le pauvre prisonnier gémit et roula par terre.

Le bailli, accompagné du dizainier, sortit de la maison et se rendit chez le scribe ; et derrière lui, suivait en fumant comme un bateau à vapeur le distillateur. Ils marchaient ainsi tous trois absorbés dans leurs pensées, la tête basse, lorsque tout à coup, au détour d'une ruelle obscure, ils poussèrent un cri unanime sous un coup violent qui venait de les atteindre au front. Un cri semblable leur répondit. Le bailli, en clignant de l'œil, aperçut avec stupeur devant lui le scribe et deux dizainiers.

— J'allais justement chez toi, maître scribe.

— Et moi, je me rendrais chez Ton Honneur, maître bailli.

— Quelles choses étranges il se passe, maître scribe !

— D'étranges choses ! maître bailli !

— Eh ! quoi donc !...

— La jeunesse est déchaînée ; elle court la rue en bande, mettant tout sens dessus dessous ; et elle célèbre Ton Honneur avec de telles paroles... qu'on a honte de les répéter : Un Moscovite même hésiterait à les prononcer de sa langue impure !

Tout cela fut dit par le scribe, efflanqué en pantalon à carreaux et en gilet couleur lie de vin, dont le cou s'allongeait et rentrait tour à tour.

— J'avais déjà fait un petit somme lorsqu'ils m'ont arraché de mon lit avec leur impudente chanson et leur tapage ; mon idée était de les corriger ; mais, avant de le faire, j'ai voulu passer pantalon et gilet, et ils avaient décampé. Le principal, cependant, ne m'a pas échappé. Il chante maintenant dans la cabane où l'on enferme les malfaiteurs. Je grillais de reconnaître l'oiseau, mais son museau est barbouillé de suie et noir comme celui d'un diable occupé à forger des clous pour les damnés.

— Et comment est-il vêtu ? maître scribe.

— D'un touloupe noir retourné, ce fils de chien, maître bailli.

— Ne mentirais-tu pas, maître scribe ? celui que tu prétends avoir arrêté est, en ce moment, enfermé chez moi au cachot.

— Non, maître bailli, c'est toi-même, cela soit dit sans te fâcher, qui te trompes.

Tout en parlant, les deux troupes réunies se dirigeaient vers la maison du bailli

— Qu'on apporte de la lumière, nous allons voir.

La lumière fut apportée. On ouvrit la porte et le bailli poussa un « Ha! » de stupeur en apercevant devant lui sa parente.

— Dis-moi un peu, fit-elle, n'as-tu pas perdu ce qui te reste d'esprit? Avais-tu dans ta caboche à l'œil unique un brin de cervelle, lorsque tu m'as poussée dans le cachot? Heureusement encore que je ne me suis pas heurtée la tête contre le banc de fer. Ne t'ai-je pas crié : « C'est moi! » ce qui ne t'a pas empêché, maudit ours, de me saisir dans tes pattes de fer et de me pousser. Que les diables te poussent ainsi dans l'autre monde!...

Elle prononça les derniers mots de derrière la porte dans la rue où elle était appelée par quelque affaire particulière.

— Oui, je vois bien que c'est toi, dit le bailli en revenant à lui.

— Qu'en dis-tu, maître scribe, n'est-ce pas une canaille que ce maudit coquin?

— Une vraie canaille, maître bailli!

— N'est-il pas temps de donner une leçon

à tous ces vauriens et de leur apprendre à ne se mêler que de ce qui les regarde ?

— Il y a beau temps, maître bailli.

— Ces imbéciles qui se sont mis... que diable ! il me semble entendre dans la rue les cris de ma parente... Ces imbéciles qui se sont mis dans la tête que je suis leur égal ; ils me prennent pour un autre, un simple Cosaque !

Une petite toux et un regard jeté en dessous autour de lui, donnaient à croire que le bailli allait dire quelque chose d'important.

— En mille... (ces maudites dates, on aurait beau me tuer, impossible de me les rappeler) enfin, peu importe l'année, on donna l'ordre au commissaire d'alors, Ledatchy, de choisir parmi les Cosaques celui qui serait plus intelligent que les autres. Oh ! (ce *oh !* le bailli le prononça en élevant le doigt), le plus intelligent pour accompagner la Czarine. Moi alors..

— Cela va sans dire ; tout le monde sait déjà, maître bailli, comment tu as mérité les faveurs de la Czarine. Avoue maintenant que c'est moi qui étais dans le vrai ; tu as menti quelque peu (littéralement, tu as pris un petit péché sur ton âme), en disant que tu avais arrêté le coquin en touloupe retourné.

— Quant à ce diable en touloupe retourné, il faut le charger de chaînes et le châtier exemplairement. Il faut qu'on sache ce que c'est que l'autorité. De qui donc le bailli tient-il son pouvoir, si ce n'est du Czar lui-même ? Nous nous occuperons après des autres... Je n'ai pas oublié comment ces satanés vauriens ont introduit dans mon potager toute une bande de cochons qui ont dévoré mes choux et mes concombres. Je n'ai pas oublié comment ces fils du diable ont refusé de battre mon blé ; je n'ai pas oublié... mais qu'ils aillent se faire pendre ! avant tout, il me faut absolument apprendre quelle est cette canaille en touloupe retourné. Nous n'avons plus maintenant qu'à aller reconnaître ton prisonnier... Et de nouveau la petite bande sortit de la maison.

— C'est certainement une fine mouche, dit le distillateur dont les joues au cours de toute cette conversation se chargeaient sans cesse de fumée comme un cœur de siège et dont les lèvres, abandonnant la courte pipe, jetèrent comme un torrent de feu ; — il ne serait pas mal de tenir un pareil homme, à tout hasard, à portée de la distillerie : ou encore de l'accrocher au sommet d'un chêne en guise d'encensoir.

Cette saillie ne sembla pas trop bête au distillateur qui, sans attendre l'approbation des autres, se décida aussitôt à se récompenser par un rire enroué.

On approchait en ce moment d'une petite maison presque tombée en ruines. La curiosité de notre petite troupe augmenta. Ils se pressèrent tous contre la porte. Le scribe prit la clef et la heurta contre la serrure; mais c'était la clef de sa malle. L'impatience redoublait. Plongeant la main dans sa poche, le scribe se mit de nouveau à chercher et à jurer sans pouvoir rien trouver.

— Voilà ! voilà la clef ! dit-il enfin en se baissant et en tirant la vraie clef des profondeurs de sa large poche dont était muni son pantalon à carreaux.

A ces mots, les cœurs de nos héros semblaient se confondre en un seul, et cet énorme cœur se mit à battre si fortement que ses battements inégaux n'étaient pas même recouverts par le bruit du cadenas. La porte s'ouvrit... et le bailli devint pâle comme un linge, le distillateur ressentit un froid et ses cheveux semblaient vouloir s'envoler au ciel. La terreur se peignit sur le visage du scribe. Les dizainiers restaient cloués sur place et n'étaient pas en mesure de fermer leurs bouches ouvertes par une commune épouvante : ils avaient devant eux la Parente !

Non moins stupéfaite, elle revint cependant quelque peu à elle et fit un mouvement pour s'approcher d'eux.

— Halte ! hurla d'une voix sauvage le bailli et il referma la porte sur elle ; mes amis, c'est Satan ! continua-t-il, du feu ! vite, du feu ! Peu importe que ce soit un bâtiment du trésor ! Flambez-le ! Flambez-le !

La parente, entendant la terrible sentence, criait terrifiée derrière la porte.

— Que faites-vous ! frères, dit le distillateur. Eh quoi ! vos cheveux sont déjà presque couleur de neige et vous avez encore assez peu d'esprit pour ignorer que les sorciers ne peuvent être brûlés par le simple feu ? Ce n'est que le feu de la pipe qui peut rôtir le mâlin. Attendez, je vais y mettre ordre tout de suite. »

Cela dit, il versa la cendre allumée de sa pipe sur de la paille et souffla dessus pour activer la flamme. Le désespoir donna alors du courage à la pauvre parente; elle mit toute sa voix à les supplier et à les convaincre :

— Attendez, frères : pourquoi vous charger inutilement d'un péché!

— Peut-être, n'est-ce pas Satan, dit le scribe. Si *elle*, — c'est-à-dire ce qui est enfermé là-dedans — consent à faire un signe de croix, ce sera une preuve certaine que ce n'est pas le Malin.

L'idée fut approuvée.

— Arrière, Satan ! (1) continua le scribe en appliquant sa bouche à la fente de la porte, — si tu ne bouges pas de place nous ouvrirons la porte.

La porte s'ouvrit.

— Fais un signe de croix, dit le bailli en regardant autour de lui comme s'il cherchait un refuge en cas de danger.

La parente se signa.

(1) Le *vade retro*, formule de l'exorcisme.

— Que Diable! c'est bien la parente!

— Quelle puissance infernale t'a traînée, commère, dans cette prison?

Et la parente en sanglotant, raconta comment les jeunes gens l'avaient saisie dans la rue, et, malgré sa résistance, l'avaient fait passer à travers la large fenêtre de la cabane en refermant sur elle le contrevent.

Le scribe examina la fenêtre et constata, en effet, que les gonds étaient arrachés et que le contrevent avait été refermé de dehors à l'aide d'une barre de bois.

— C'est bon ! borgne du diable! s'écria-t-elle, en marchant sur le bailli qui se rejeta en arrière en continuant à l'observer de l'œil qui lui restait, je connais le fond de ta pensée; tu étais bien aise de profiter de l'occasion pour te débarrasser de moi, de façon à être plus libre pour courir les filles et n'avoir plus personne qui puisse voir un grand-père aux cheveux gris, faire bêtement le galant! Je sais tout, va! ce n'est pas à moi qu'on donne le change, surtout une caboche comme la tienne. Je peux supporter longtemps, mais gare la fin!...

Et ce disant, elle lui montra le poing et s'éloigna rapidement en laissant le bailli comme pétrifié!

« Non vraiment! c'est bien le diable qui est là-dessous! » pensa-t-il en se grattant rageusement la nuque.

— Nous le tenons! s'écrièrent les dizainiers qui entrèrent en ce moment.

— Qui tenez-vous? demanda le bailli.

— Le diable en touloupe retourné.

— Amenez-le, s'écria le bailli, en saisissant le prisonnier par la main. — Êtes-vous fous? mais c'est l'ivrogne Kalenik!

— Pas possible! c'est nous-mêmes qui l'avons empoigné, maître bailli, répondirent les dizainiers. Les satanés gars nous ont entourés dans la ruelle; ils se sont mis à danser en s'accrochant à nos vêtements, à nous tirer la langue et à nous arracher les mains!... Que le diable les emporte!.. Et comment, au lieu et place de l'un d'eux, a-t-on substitué ce corbeau?... Dieu le sait...

— En mon nom et au nom de tout le *mir* que je représente, ordre est donné, dit le bailli, de saisir immédiatement le brigand et, de la même façon, tous ceux qui seront trouvés dans la rue. Et qu'on me les amène pour le châtiment.

— Par grâce ! maître bailli, s'écrièrent quelques-uns en s'inclinant jusqu'à terre, si tu voyais ces museaux ! Que Dieu nous tue, si depuis notre naissance, et depuis que nous avons été baptisés, nous avons jamais rencontré des masques aussi épouvantables ! Un accident est vite arrivé, maître bailli ! On peut s'effrayer quelquefois à tel point qu'aucun honnête homme ni aucune honnête femme en puissent guérir.

— Je vous guérirai de ces frayeurs ! Eh quoi ! vous refusez d'obéir ? Vous êtes peut-être d'accord avec eux ? vous vous mutineriez ? qu'est-ce donc ? mais qu'est-ce donc ?... Vous encouragez le désordre ?... vous... Je ferai mon rapport au commissaire, vite, entendez-vous,... plus vite... courage... volez comme une flèche. Pour que vous me...

Tous s'enfuirent.

CHAPITRE V

LA NOYÉE

Sans s'inquiéter de rien, sans plus de souci de ceux qui étaient envoyés à sa poursuite, l'auteur responsable de tout ce tapage s'acheminait lentement vers la vieille maison de l'étang. Inutile, n'est-ce pas, de dire que c'était Levko. Son touloupe noir était déboutonné, il tenait à la main son bonnet; la sueur ruisselait de son front.

Majestueuse et morne, la forêt d'érables présentait à la lune ses masses noires. Immobile, l'étang soufflait sa fraîcheur sur le passant fatigué et l'obligeait à s'asseoir sur le bord. Tout était calme, dans le profond fourré on n'entendait que les roulades du rossignol. Un sommeil irrésistible ne tarda pas à fermer ses paupières. Ses membres fatigués se laissaient aller à l'assoupissement, sa tête s'inclinait.

— Non ! je serais capable de m'endormir, dit-il, en se redressant sur ses jambes et en se frottant les yeux.

Il regarda autour de lui. La nuit lui semblait encore plus féerique. Une lueur étrange et délicieuse s'ajoutait à l'éclat de la lune. Jamais il n'avait assisté à pareil spectacle. Une brume argentée descendait partout autour de lui. Le parfum des pommiers fleuris et des fleurs nocturnes inondait la terre. Stupéfait, il contemplait les eaux immobiles de l'étang. La vieille maison seigneuriale renversée dans ce miroir mouvant y apparaissait sereine et dans une éclatante majesté. Au lieu des volets sombres, étaient ouvertes comme des yeux les vitres joyeuses des fenêtres et des portes ; à travers leur limpidité s'entrevoyait la dorure.

Et voilà qu'il lui semble voir s'ouvrir une fenêtre.

En retenant son souffle, mais sans trembler et sans quitter des yeux l'étang, il se sent transporté dans sa profondeur et voit :

Un bras blanc apparaît d'abord à la fenêtre, bientôt suivi d'une charmante petite tête aux yeux clairs luisant doucement à travers des flots de cheveux d'un blond sombre.

Elle s'accoude; et il voit... elle secoue légèrement la tête, elle agite ses mains; elle sourit... son cœur tressaille soudain... l'eau tremble et la fenêtre se referme.

Il s'éloigna doucement de l'étang et observa la maison : les volets mornes étaient ouverts ; les vitres étincelaient aux rayons de la lune.

« Voilà comment il faut ajouter foi aux racontars des gens, pensa-t-il. La maison est toute neuve : les couleurs sont aussi vives que si elle était peinte d'hier. Elle est habitée. »

Et, silencieux, il se rapprocha.

Mais, dans la maison, tout était calme.

Les chants éclatants des rossignols se répondaient avec force et sonorité ; et, quand ils semblaient expirer dans la langueur et l'abandon, on entendait le frôlement et le crépitement des grillons ou le gloussement de l'oiseau des marais frappant de son bec poli le large miroir des eaux. Une paix douce et une joie débordante s'emparèrent du cœur de Levko.

Il accorda sa *bandoura* et chanta en s'accompagnant :

> O lune, petite lune !
> Et toi, aube blanche !
> Projetez votre lumière là
> Où est la belle fille.

La fenêtre s'ouvrit et la même tête mignonne, dont il avait vu l'image dans l'étang, regarda en écoutant attentivement la chanson. De longs cils voilaient à demi le regard ; elle était toute pâle comme un linge, comme la lueur de la lune. Mais qu'elle était merveilleuse ! qu'elle était belle !

Elle se mit à rire.

Levko tressaillit.

— Chante-moi quelque chose, jeune Cosaque ! — dit-elle en penchant la tête de côté et en baissant complètement ses longs cils.

— Quelle chanson faut-il te chanter ? ma radieuse enfant.

Des larmes coulèrent doucement sur le visage de la jeune fille.

— Parobok, dit-elle, — et quelque chose d'un touchant inexprimable résonnait dans ses paroles, — Parobok, trouve-moi ma marâtre. Je ne te refuserai rien; je te récompenserai; je te récompenserai largement et richement. J'ai des manchettes de soie brodées; j'ai du corail, des colliers. Je te ferai cadeau d'une ceinture ornée de brillants. J'ai de l'or... Parobok, trouve-moi ma marâtre. C'est une terrible sorcière; je n'ai pas eu de repos sur la terre à cause d'elle. Elle me torturait; elle me forçait à travailler comme une simple *moujitchka*. Regarde mon visage ! elle a terni la couleur de mes joues par ses sorcelleries impures. Regarde mon cou blanc, les bleus qu'y ont faits ses griffes de fer ne s'effacent plus, ne s'effaceront jamais. Regarde mes pieds blancs ; ils ont beaucoup marché, mais pas sur des tapis, sur le sable brûlant, sur la terre humide, sur les pierres, ils ont marché ! Et mes yeux ! regarde mes yeux : ils sont éteints sous les larmes. Trouve-la, Parobok, trouve la marâtre !

Sa voix, qui tout à coup s'était élevée, se tut. Des torrents de larmes coulèrent sur son visage pâle. Un sentiment pénible, plein de pitié et de tristesse, oppressa la poitrine du jeune homme.

— Je suis prêt à tout pour toi, ma belle, dit-il avec émotion, mais comment? où la trouver?

— Regarde, regarde, fit-elle vivement, elle est ici; elle passe sur la rive mêlée à mes jeunes filles; elle se chauffe aux rayons de la lune; mais elle est malicieuse et rusée. Elle s'est transformée en noyée; mais je sais, je sens qu'elle est ici. Elle m'oppresse, elle m'étouffe. Je ne puis pas, à cause d'elle, nager librement et légèrement comme un oiseau. Je plonge et je tombe au fond comme une pierre. Trouve-la, Parobok.

Levko regarda vers la rive. Dans le brouillard argenté flottaient les jeunes filles, légères comme des ombres, en blanches chemises, comme une prairie semée de muguets. Des colliers de pièces d'or étincelaient à leur cou; mais elles étaient pâles; leurs corps étaient formés de nuages diaphanes et étaient comme traversés par les rayons d'argent de la lune.

Leur ronde, en jouant, se rapprochait de lui ;
il entendait leurs voix.

— Allons jouer au corbeau ! Jouons au
corbeau ! — bruissent-elles comme les roseaux
de la rive touchés à l'heure calme du crépuscule par les lèvres aériennes du vent.

— Et qui sera le corbeau ?

On tira au sort et une jeune fille sortit
de la foule. Levko se mit à l'examiner. Son
visage, ses vêtements ne la distinguaient pas
des autres. On remarquait seulement qu'elle
remplissait malgré elle ce rôle. La foule s'est
dispersée pour échapper aux atteintes de l'ennemi rapace.

— Non ! je ne veux pas être le corbeau, dit
la jeune fille épuisée, il me répugne d'enlever
les poussins à leurs pauvres mères.

— Tu n'es pas la sorcière ! pensa Levko.

— Qui sera donc le corbeau ?

Les jeunes filles se réunirent de nouveau
pour tirer au sort.

— C'est moi qui serai le corbeau ! fit l'une
d'elles en s'avançant.

Levko se mit à l'examiner attentivement.
Rapide et ardente, elle poursuivait la bande

des jeunes filles et se jetait à droite et à gauche pour saisir sa victime. Levko, alors remarqua que son corps n'était pas aussi transparent que les autres. Il s'y voyait à l'intérieur quelque chose de noir. Tout à coup, un cri retentit : le corbeau se précipite sur une des noyées, la saisit et Levko croit apercevoir des griffes, tandis que sur son visage éclatait une joie méchante.

— La sorcière ! cria-t-il, en la désignant brusquement du doigt et en se tournant vers la maison.

La jeune fille eut un rire joyeux et les noyées entraînèrent au milieu des cris celle qui représentait le corbeau.

— Comment te récompenser, Parobok ? — Je sais que ce n'est pas de l'or qu'il te faut. Tu aimes Hanna ; mais ton bourru de père t'empêche de l'épouser. Désormais il ne t'en empêchera pas. Prends ce billet et remets-le lui.

La petite main blanche s'allongea ; le visage s'éclaira et brilla d'un merveilleux éclat. Avec un frémissement indéfinissable et un battement de son cœur anxieux, Levko saisit le billet et...... se réveilla.

CHAPITRE VI

LE RÉVEIL

— Dormai-je donc? se dit Levko en se levant. Tout était pourtant si réel, si vivant !.. c'est étrange! étrange! répéta-t-il en regardant autour de lui.

La lune, qui était rayonnante au-dessus de sa tête, indiquait minuit. Partout le silence. Un froid montait de l'étang, aux bords duquel se dressait tristement la vieille maison aux volets clos. La mousse et l'herbe sauvage témoignaient de son long abandon. Il détendit alors sa main qui s'était crispée pendant son sommeil et jeta un cri de surprise en y découvrant le billet.

— Oh! si je savais lire! pensa-t-il en le tournant en tous sens. A ce moment, il entendit du bruit derrière lui.

— Courage ! empoignez-le ! Pourquoi craindre ? nous sommes dix, et c'est un homme et non un diable !

Ainsi criait le bailli à ses compagnons.

Et Levko se sentit appréhendé par plusieurs mains dont quelques-unes tremblaient de peur.

— Ote donc, ami, ton masque effrayant ; c'est assez se moquer du monde, dit le bailli en le prenant au collet, et s'arrêtant stupéfait après avoir fixé sur lui son œil unique. « Levko ! mon fils ! » continua-t-il en se rejetant en arrière d'étonnement et en laissant tomber ses bras. — C'est toi, fils de chien ! — voyez-vous cette satanée engeance ! moi qui me disais : Quelle est donc cette canaille, ce diable de touloupe retourné qui fait toutes ces farces ? Et il se trouve que c'est toi ! — puisse ton père en avaler sa soupe de travers. Toi qui t'avises de mettre la rue sens dessus dessous et de fabriquer des chansons !... Hé ! hé ! hé ! Levko ! qu'est-ce qui t'a pris ? Il paraît que le dos te démangeait. Liez-le !

— Attends, père ; on m'a ordonné de te remettre ce billet, fit Levko.

— Il n'y a pas de billet qui tienne, mon pigeon. Liez-le.

— Arrête, maître bailli, interrompit le scribe, en dépliant le papier, c'est l'écriture du commissaire!

— Du commissaire?

— Du commissaire? répétaient machinalement les dizainiers.

« Du commissaire! c'est étrange! c'est à n'y plus rien comprendre du tout », pensa Levko.

— Lis! lis! dit le bailli, que peut-il bien écrire, le commissaire?

— Ecoutons ce qu'écrit le commissaire, fit le distillateur en tenant sa pipe entre les dents et en battant le briquet.

Le scribe toussota et lut :

« Ordre au bailli Yevtoukh Makogonenko.

» Il est arrivé à notre connaissance que toi, vieil imbécile, au lieu de faire rentrer les impôts arriérés et de veiller à l'ordre dans le village, tu perds la tête et commets toute espèce de sottises. »

— Mais pardon ! je n'entends rien.

Le scribe recommença :

« Ordre au bailli Yevtoukh Makogonenko.

» Il est arrivé à notre connaissance que toi, vieil imbé...

— Assez, assez ! — c'est inutile ! — s'écria le bailli. Quoi que je n'aie rien entendu, je sais cependant que tout cela n'est qu'un préambule. Lis plus loin.

« En conséquence, je t'ordonne de marier tout de suite ton fils Levko avec la Cosaque de votre village Hanna Petrytchenko et, aussi, de faire réparer les ponts sur la grand'route et de ne pas livrer les chevaux de réquisition, sans m'en avoir référé, à ces messieurs de la justice, même s'ils venaient directement du palais. Et, si à mon arrivée, je ne trouve pas cet ordre exécuté, c'est à toi seul que je m'en prendrai. — Signé : le commissaire, lieutenant en retraite, Kozma Derkatch-Drichpanovski. »

— « Voilà, dit le bailli, la bouche grande ouverte ; entendez-vous ! entendez-vous ! Toutes ces mesures, c'est le bailli qui en répondra. Donc, qu'on m'obéisse ! qu'on m'obéisse sans mot dire ! sinon, gare... Quant à toi, continua-t-il en s'adressant à Levko, quoiqu'il me paraisse étrange que la chose soit arrivée jusqu'à lui, — je te marie. Seulement, tu goûteras tout d'abord du knout ; tu sais, celui qui est suspendu chez moi au mur près des ikônes. Tu l'étrenneras demain. Où as-tu pris ce billet ?

Levko, malgré la stupeur qu'il éprouvait de la tournure prise par son affaire, eut le bon sens de rouler dans sa tête une autre réponse et de cacher la véritable origine du billet.

— J'étais sorti hier soir, je m'étais rendu en ville et j'ai rencontré le commissaire qui descendait de voiture. En apprenant que je suis de ce village, il me remit ce billet et m'ordonna de t'apprendre de vive voix, père, qu'à son retour, il viendra dîner chez nous.

— Il te l'a dit?

— Il me l'a dit.

— Entendez-vous? dit le bailli avec importance en s'adressant à ses compagnons. Le commissaire, en personne, viendra chez nous, c'est-à-dire, chez moi, dîner! Oh !... et le bailli éleva son index et inclina la tête comme quelqu'un qui écoute le commissaire ! —Entendez-vous, le commissaire viendra chez moi ! Qu'en penses-tu, maître scribe ? et toi, compère ? Ce n'est pas un petit honneur, n'est-ce pas ?

— Autant que je me souviens, surenchérit le scribe, jamais bailli ne reçut à dîner un commissaire.

— Il y a bailli et bailli — fit le bailli en se rengorgeant ; sa bouche se contracta et quelque chose comme un rire pénible et enroué, ressemblant plutôt à un grondement lointain de tonnerre, retentit sur ses lèvres.

— Qu'en penses-tu ? maître scribe, il faudrait pour un pareil hôte donner ordre que, de chaque khata, on apporte au moins un jeune poulet, et puis de la toile et quelque chose encore... Hein !...

— Il faudrait, il faudrait, maître bailli.

— Et à quand la noce, père ? demanda Levko.

— La noce ! Je t'en donnerai de la noce... Mais, en l'honneur d'un hôte de cette importance, demain le pope vous mariera. Allez au diable !... que le commissaire voie ce que c'est que l'exactitude ! Et maintenant, enfants, allons dormir... rentrez chez vous, l'événement de cette nuit me rappelle le temps où je....

A ces mots, le bailli lança le regard en dessous que l'on sait, important et significatif.

— Allons ! maintenant le bailli va raconter comment il a escorté la Czarine, dit Levko, et, à pas rapides, tout joyeux, il se hâta vers la khata aux cerisiers nains que nous connaissons.

— Que Dieu te donne le royaume des Cieux ! bonne et belle demoiselle, pensait-il. Que tout te sourie éternellement dans l'autre monde parmi les saints anges ! Je ne rapporterai à personne l'intervention miraculeuse qui s'est produite cette nuit. A toi seule, Halia ! je le dirai. Toi seule tu y ajouteras foi et tu prieras pour le repos de l'âme de la malheureuse noyée.

Il s'approcha de la khata. La fenêtre était ouverte. Les rayons de la lune l'inondaient et éclairaient Hanna endormie. Sa tête était appuyée sur sa main ; ses joues étaient animées d'une douce rougeur ; ses lèvres s'agitaient en murmurant le nom de Levko.

— Dors, ma toute belle ! rêve à ce qu'il y a de meilleur dans le monde ; tout cela ne vaudra pas notre réveil !

Et, après avoir tracé dans l'air un signe de croix, il ferma la fenêtre et s'éloigna sans bruit.

Quelques instants plus tard, tout était endormi dans le village. Seule la lune flottait aussi éclatante et aussi merveilleuse dans le désert immense du splendide ciel d'Ukraine. La même solennité planait sur les hauteurs et la nuit, la nuit divine, s'éteignait majestueusement. La terre n'était pas moins belle dans la splendeur de la lumière argentée ; mais personne pour admirer ! Tout était plongé dans le sommeil. A de rares intervalles, seulement, le silence était rompu par l'aboiement des chiens et, longtemps encore, l'ivrogne Kalenik erra par les rues en cherchant sa khata.

LA NUIT DE LA SAINT-JEAN

HISTOIRE VRAIE

Racontée par le sacristain de l'église de ***.

Phoma Grigorievitch avait une bizarrerie à lui : il n'aimait pas à raconter toujours la même chose. Si parfois, à force d'obsessions, on le décidait à répéter une histoire qu'il nous eût déjà fait entendre, vous pouviez être sûr, alors, qu'il y ajoutait une version nouvelle ou qu'il la transformait de telle sorte que les deux récits n'avaient plus entre eux aucune ressemblance.

Un jour, un de ces messieurs (de ceux que nous autres, simples gens, il nous est difficile de définir : sont-ce des écrivains ou des écrivailleurs? mais enfin pareils à ces saltimbanques de foire, qui quémandent, grapillent, volent de ci de là toutes sortes de choses, pour nous les servir ensuite en petits feuillets au mois ou à la semaine), un de ces messieurs apprit cette histoire de Phoma Grigorievitch qui, depuis, l'a lui-même oubliée.

Mais voilà que précisément arrive de Pultava ce jeune barine en cafetan couleur petits pois dont je vous ai une fois parlé ; peut-être même avez-vous déjà lu son récit ; il apporte avec lui un petit livre et nous le montre en l'ouvrant au milieu.

Phoma Grigorievitch s'apprête à enfourcher ses lunettes sur son nez, puis se souvenant qu'il a oublié de les consolider avec du fil et de la cire, il me passe le livre. Moi qui sais lire tant bien que mal et qui n'ai pas besoin de lunettes, je me mets à faire la lecture tout haut. A peine ai-je tourné deux pages que tout à coup Phoma m'arrête par le bras.

— Un instant ! Dites-moi avant tout ce que vous lisez.

J'avoue que j'étais stupéfait d'une telle question.

— Comment ce que je lis, Phoma Grigorievitch, mais c'est votre histoire, ce sont vos propres paroles.

— Qui vous a dit que ce sont mes propres paroles?

— Il n'y a pas à en douter; c'est même imprimé : *raconté par un tel... sacristain.*

— Eh bien! crachez-lui sur la figure, à celui qui a imprimé cela. Il ment, ce fils de chien! ce Moscovite! Est-ce de cette manière que j'aurais raconté cette histoire? Il faudrait avoir une araignée dans la tête! Écoutez plutôt, je vais vous la raconter telle qu'elle est.

Nous nous approchâmes de la table et il commença.

Mon grand-père (Dieu ait son âme! Qu'il ne mange dans l'autre monde que des petits pains au lait et des gâteaux de miel) mon grand-père savait très bien raconter. Quand une fois il s'était mis en train, on n'aurait pas bougé de sa place d'une journée pour l'écouter. Ce n'était pas un de ces hâbleurs d'aujourd'hui qui cherchent à vous en imposer et traînent leurs récits avec une langue pâteuse, comme s'ils n'avaient pas mangé depuis trois jours; c'est à saisir son bonnet et à se sauver.

Ma vieille mère était alors encore de ce monde; et, aussi bien que si c'était maintenant, je me souviens que, par une longue soirée d'hiver où la gelée crépitait au dehors et murait l'étroite fenêtre de notre chaumière, elle était assise en tenant sa quenouille, d'une main étirant le long fil, et, avec son pied, faisant mouvoir le berceau tout en fredonnant une chanson que je crois toujours entendre. La chambre était éclairée par un lampion qui tremblait et qui, par instants, se ravivait tout à coup comme s'il eût pris peur de quelque chose ; le rouet bourdonnait ; et nous tous, enfants, tassés en un petit groupe, nous écoutions le grand-père qui, à cause de sa vieillesse, depuis plus de cinq ans ne descendait pas du poêle (1).

Tout merveilleux que fussent ses beaux récits du vieux temps sur les invasions des Zaporogues, sur les Polonais, les grands exploits de Podkova, de Sagaïdatchny (2), au-

(1) Le poêle en forme de fourneau des chaumières russes, toujours très large, fournit à une certaine partie de sa surface une chaleur assez tempérée pour que l'on puisse y coucher. (*Note du traducteur.*)

(2) Hetmann des Zaporogues. (*Note du traducteur.*)

cun ne nous intéressait autant qu'une de ces vieilles légendes qui vous donnent des frissons dans tout le corps et vous font dresser les cheveux sur la tête. Parfois une telle peur vous envahit, que vers le soir vous croyez voir un monstre dans le moindre objet. Quand il m'arrivait d'être obligé de sortir de ma chambre pendant la nuit, je ne faisais que penser : Pourvu que quelque revenant ne vienne pas se coucher sur mon lit ! Et que je meure ! si je ne prenais pas ma propre *svitka*, posée du côté de la tête, pour un diable recroquevillé !... Mais ce qui était surtout à considérer dans le récit du grand-père, c'est que de toute sa vie, il ne mentait jamais; et ce qu'il racontait était réellement arrivé tel quel.

C'est une de ces histoires extraordinaires que je vais vous narrer à l'instant. Je sais qu'il se trouve beaucoup de ces raisonneurs, écrivains publics, sachant même lire les caractères laïques (1) à qui, cependant, vous

(1) En Russie, tous les livres de l'Église, tels que bréviaires, etc., sont écrits en caractères vieux-slaves. On commençait autrefois à apprendre à lire par ces caractères; et on considérait comme suffisamment lettré celui qui les connaissait. (*Note du traducteur.*)

ne pourriez mettre entre les mains un simple bréviaire vu qu'ils n'y comprendraient rien ; mais, pour rire de vous, exhiber leurs dents à leur propre honte, cela, ils le savent. Tout ce que vous leur racontez est sujet à rire. Voilà à quel point l'incrédulité s'est répandue dans le monde! Ainsi, le croiriez-vous (Dieu et la sainte Vierge me renient, si cela n'est pas), un jour, je parlais de sorcières devant des gens et, parmi eux, il s'est trouvé un luron qui ne croyait pas aux sorcières!

Oui, je puis le dire, j'en ai rencontré dans ma vie de ces incrédules, à qui il coûte moins de mentir à confesse qu'à nous autres de prendre une prise de tabac. A ceux-là, naturellement, les sorcières n'ont jamais fait peur. Mais qu'il se dresse tout à coup devant eux.... je tremble même de dire quoi... au fait, inutile de s'occuper de ces gens-là.

Il y a de cela plus de cent ans, disait mon défunt grand-père, personne n'aurait pu reconnaître notre village : un hameau, le plus pauvre des hameaux! Une dizaine de chaumières pas même blanchies à la chaux, mal couvertes, se dressaient çà et là au milieu du champ. Pas de haies, pas de hangars suffisamment abrités pour le bétail ou les charrettes; et encore étaient-ce les riches qui habitaient ces demeures; si vous nous aviez vus, nous autres pauvres! un trou creusé dans la terre, voilà notre chaumière à nous!

Par la fumée, seulement, on pouvait reconnaître qu'un être humain vivait là. Vous me demanderez peut-être pourquoi il en était ainsi? Ce n'était pas précisément par pauvreté, puisque dans ce temps presque tous faisaient les libres Cosaques et allaient ramasser des biens à l'étranger, mais plutôt parce qu'on trouvait inutile de construire de meilleures demeures. Et quel monde n'y voyait-on pas marauder? Des Tartares, des Polonais, des Lithuaniens! Des Ukraniens même venaient en bandes pour dévaliser les leurs. Tout arrivait!

Donc, dans ce hameau apparaissait souvent un homme ou plutôt un diable sous la figure d'un homme. D'où venait-il? pourquoi venait-il? personne ne le savait. Il faisait la noce, il s'enivrait ; puis, subitement, il disparaissait comme sous terre et l'on n'entendait plus parler de lui. Tout à coup, de nouveau, il semblait tomber du ciel, parcourait les rues du village dont il ne reste même plus de traces. Il ramassait sur sa route les Cosaques qu'il rencontrait; et alors c'étaient des rires, des chansons; il semait l'argent et l'eau-de-vie coulait comme de l'eau!... Il bombardait les jeunes filles de cadeaux: rubans, boucles d'oreilles, colliers de sequins à ne savoir qu'en faire. Il faut dire cependant que les jeunes filles hésitaient à les accepter. — Qui sait! peut-être étaient-ils passés par les mains du Malin.

La tante de mon grand-père tenait alors sur la route un cabaret où souvent noçait Basavriouk (c'est ainsi l'on appelait ce diable d'homme) et elle disait que, pour rien au monde, elle ne consentirait à accepter de lui le moindre cadeau. Et pourtant, comment ne pas accepter quand on voyait Basavriouk froncer ses sourcils drus et lancer en dessous un tel regard que l'on se serait sauvé à mille lieues; mais si on se laissait tenter et que l'on prît le cadeau, la même nuit quelque être du marais, les cornes sur la tête, venait vous visiter et se mettait à vous serrer le cou, s'il était orné du collier de sequins, ou à vous mordre le doigt qui portait la bague, ou à tirer la natte, si le ruban y était attaché. Alors vous comprenez! merci de ces cadeaux! Seulement, voilà le malheur; c'est qu'il était même impossible de s'en défaire : on le jetait à l'eau, le diable de collier ou d'anneau surnageait et revenait de lui-même se remettre à sa place.

Dans ce village, se trouvait une église dédiée, je crois, à saint Pantaléon. Le curé du presbytère, le père Athanase, de sainte mémoire! ayant remarqué que Basavriouk, même le dimanche de Pâques, ne venait pas à l'église, voulut le gourmander et lui imposer une pénitence. Eh bien! c'est à peine s'il eut le temps de se sauver.

— Ecoute, mon bonhomme, gronda Basavriouk comme réponse, mêle-toi de tes affaires et non de celles des autres, si tu ne veux pas qu'on te bouche la gueule avec de la bouillie chaude.

Que vouliez-vous faire avec ce maudit! Le père Athanase se contenta de déclarer que celui qui aurait le moindre point de contact avec Basavriouk serait considéré comme l'ennemi de l'Eglise orthodoxe et de tout le genre humain.

Dans ce même village vivait, chez un Cosaque du nom de Korje, un domestique que les gens appelaient *Petre, le sans-famille,* peut-être parce qu'il ne se souvenait plus ni de son père ni de sa mère. Le marguillier disait, il est vrai, qu'ils étaient morts de la peste l'année qui avait suivi la naissance de Petre ; mais mon arrière-grand'tante n'en voulait rien croire, et elle s'efforçait de trouver de tous côtés des parents à Petre, bien que celui-ci s'en souciât aussi peu que nous autres de la neige d'antan.

Elle disait que le père de Petre, actuellement dans le pays des Zaporogues, avait été jadis prisonnier chez les Turcs, où il avait souffert des tortures épouvantables et n'était parvenu à s'échapper presque miraculeusement qu'en se travestissant en eunuque. Qu'importait d'ailleurs la parenté de Petre ! Les jeunes filles s'en inquiétaient fort peu. Elles disaient seulement que, si on l'habillait d'un cafetan neuf, d'une ceinture rouge autour des reins, qu'on lui mit sur la tête un bonnet d'astrakan terminé au faîte par une élégante calotte en velours bleu, un sabre turc au côté, une jolie pipe ornée d'arabesques à la main, il enfoncerait tous les garçons du pays ; mais le malheur était que le pauvre Petrus n'avait pour tout bien qu'un maigre cafetan gris percé de plus de trous qu'un Juif n'a d'écus dans sa poche. Après tout, ce n'eût pas été là un malheur irréparable. La vraie misère la voici : Maître Karja avait une fille, une beauté telle qu'il ne vous a pas été encore donné, je crois, d'en voir de pareille. Ma grand'tante disait (et vous savez, — sauf votre respect, — qu'on ferait plutôt embrasser le diable à une femme que de lui faire avouer qu'une autre femme est belle), ma grand'tante disait que les joues de la jeune Cosaque en question étaient aussi éclatantes de fraîcheur que la fleur d'un coquelicot du rose le plus tendre, alors que, lavée par la légère rosée du matin, coquette, elle flamboie, étend ses pétales et se pavane aux rayons du soleil levant; elle comparait ses sourcils noirs, ombrageant ses yeux limpides comme s'ils eussent voulu s'y mirer, aux cordons fins que les jeunes filles achètent aux Moscovites ambulants pour suspendre au cou leurs croix et leurs médailles ; sa bouche, que les jeunes garçons ne pouvaient regarder sans se pourlécher, semblait comme créée pour ne faire retentir que des chansons de rossignol. Ses cheveux, noirs comme le plumage du corbeau et souples comme du lin (alors les jeunes filles ne les nouaient pas en nattes ; elles les laissaient pendants en les enlaçant de jolis rubans écarlates), ses cheveux tombaient en boucles par derrière sur son kountouch (1) brodé d'or, et que je ne chante plus jamais un seul alleluia dans le chœur, si, moi-même, en la voyant ainsi, je ne m'étais laissé aller à l'embrasser, malgré les cheveux blancs qui se faufilent dans la vieille forêt qui couvre mon crâne et ma vieille qui ne me quitte pas plus qu'une taie sur l'œil.

Or, là où une fille et un garçon vivent côte à côte, vous savez vous-même ce qui arrive :

(1) Sorte de manteau de dessous soutaché qu'on portait anciennement et qui était parfois doublé de fourrures. (*Note du traducteur.*)

souvent à l'aube on découvrait l'empreinte des talons ferrés des bottes rouges de Pidarca à la place où elle conversait avec son Petrus. Cependant Korje n'aurait eu aucun soupçon, mais voilà qu'un jour (probablement le Malin le poussait) Petrus, étourdiment, apposa de tout son cœur un baiser retentissant sur les lèvres roses de la Cosaque, et, probablement aussi, le même Malin (que ce fils de chien voie la sainte croix en rêve !) fit que le vieux raifort ouvrit au même instant la porte sur le vestibule. Korje pétrifié, bouche béante, prêt à tomber de surprise, se raccrocha de la main à la porte. Ce maudit baiser semblait l'ahurir complètement ; il l'entendait retentir à son oreille comme une grondement de tonnerre.

Revenu à lui, il prit au mur le knout de son grand-père et s'apprêtait déjà à en régaler le dos du pauvre Petro, quand, tout à coup, Yvas, le frère de Pidarca, jeune garçonnet de six ans, accourut, et tout effrayé, entourant de ses petites mains la jambe de son père, se mit à crier : « Père ! Père ! Ne frappe pas Pétrus. » — Que faire ! le cœur d'un père n'est pas de pierre. Après avoir raccroché le knout au mur, Korje mit doucement Petre à la porte :

— Si jamais tu reparais devant ma maison ou même sous mes fenêtres, tu risques de perdre tes moustaches noires, et que je ne m'appelle plus Korje, si les oceledets (1) qui font deux fois le tour de tes oreilles ne disent pas adieu à ton crâne.

Le léger coup sur la nuque dont il accompagna ces mots, projeta Pétrus hors de la maison comme une pierre sans toucher terre. Ainsi finit l'embrassade.

Le chagrin s'empara de nos tourtereaux. Précisément on commençait à dire dans le village qu'un certain Polonais prenait l'habitude de visiter Korje. C'était un homme tout chamarré d'or, moustachu, avec un sabre, des éperons, des poches qui résonnaient comme l'aumônière avec laquelle notre bedeau Taras fait la quête dans les rangs à l'église.

Eh bien! on sait pour quelle raison un

(1) Mot ukranien désignant deux mèches de cheveux qui s'enroulent autour des oreilles. (*Note du traducteur.*)

homme fréquente la maison d'un père qui a une jolie fille aux sourcils noirs.

Voilà qu'un jour, Pidarca tout en larmes prit dans ses bras son jeune frère Ivas et lui dit :

— Ivas, mon chéri ! Ivas, mon adoré ! cours chez Petrus, mon trésor, comme une flèche, raconte-lui ce qui se passe ; dis-lui que j'aimerais toujours ses yeux bruns, que j'embrasserais toujours son visage blanc, mais ma destinée ne le veut pas. J'ai mouillé plus d'un mouchoir de mes larmes brûlantes, le chagrin est comme un poids sur mon cœur, mon propre père devient mon ennemi ; il me force à épouser un Polonais que je ne puis aimer. Dis-lui qu'on fait déjà les préparatifs pour la noce, seulement il n'y aura pas de musique ; les sacristains seuls chanteront au lieu de kobza (1) et de fifres. Je ne danserai pas avec mon fiancé. On m'emportera, ma chambre sera sombre ! sombre ! Ses cloisons seront de bois blanc, et au lieu d'une chemi-

---

(1) Espèce de mandoline à huit cordes usitée en Ukraine. (*Note du traducteur.*)

née, c'est une croix qui se dressera sur son toit.

Terrifié, sans bouger de place, Pétrus écouta l'innocent enfant lui répéter les paroles de Pidarca.

— Et moi, malheureux, dit-il, qui pensais aller en Crimée et dans la Turquie pour batailler, amasser de l'or et revenir riche auprès de toi, ma beauté!... le sort, hélas! en décide autrement. C'est un mauvais œil qui nous a jeté un sortilège. Eh bien! moi aussi, ma colombe! moi aussi, j'aurai une noce, seulement il n'y aura même pas de sacristain à mon mariage. Le corbeau noir croassera au-dessus de moi au lieu du pope; le vaste champ sera ma demeure, le nuage gris sera mon toit, l'aigle, de son bec, videra mes yeux, la pluie lavera les os du Cosaque, le vent les séchera! Mais que dis-je là? De qui me plaindre? à qui me plaindre. Dieu l'a voulu ainsi, que cela soit!

Et droit, il s'en alla au cabaret.

Ma grand'tante fut un peu étonnée de voir Pétrus dans le cabaret, surtout au moment où tout homme un peu rangé est à la messe du matin. Elle ouvrit ses yeux tout grands, comme si elle venait seulement de s'éveiller, quand il lui demanda une cruche d'eau-de-vie mesurant presque un demi-seau. C'est en vain que le malheureux pensait noyer son chagrin. L'eau-de-vie lui produisait sur la langue le même effet que des piqûres d'orties et lui semblait plus amère que l'absinthe. Il jeta la cruche par terre.

— Cesse de te chagriner, Cosaque, gronda tout à coup derrière lui une voix de basse.

Petrus se retourna : c'était Basavriouk. Quel masque ! les cheveux comme du crin ! les yeux, des yeux de bœuf !

— Je sais ce qu'il te manque, dit-il, voilà quoi !

Et alors, avec un sourire diabolique, il fit résonner la bourse en cuir pendue à sa ceinture.

Petro tressaillit.

— Hé ! hé ! comme ça brille !... ricanait-il en versant en pluie, d'une main dans l'autre, les écus qu'il avait tirés de sa bourse. Hé ! Hé ! Hé ! comme ça sonne ! Et cependant, pour tout un tas de ces jouets, je ne te demanderai qu'un seul service.

— Donne, diable, s'écria Petro, je suis prêt à tout.

Ils se tapèrent mutuellement dans la main.

— Attention, Petro! tu viendras au moment convenu. C'est demain la Saint-Jean — c'est dans cette seule nuit de l'année que la fougère fleurit. Ne laisse pas échapper l'occasion. Je t'attendrai cette nuit dans le *Fossé de l'ours*.

Je crois que les poules n'attendent pas la fermière qui leur apporte du grain avec plus d'impatience que Petrus n'attendit le soir. Il ne faisait que regarder si l'ombre des arbres ne s'allongeait pas, si le soleil couchant ne prenait pas son éclat pourpre, et chaque minute augmentait sa fièvre.

— Que le temps est long !

Voilà, cependant, le soleil disparu ! Le ciel n'est plus rouge que sur un point de l'horizon ; mais là aussi s'éteint la lumière. La fraîcheur s'élève des champs. Il se fait sombre, plus sombre encore ; il fait nuit ! Enfin!...

Le cœur bondissant d'émotion comme s'il allait éclater dans sa poitrine, Petrus, traversant la forêt, descendit dans le ravin profond qu'on appelle le *Fossé de l'ours*. Basavriouk l'y attendait.

La nuit était aussi profonde que dans un souterrain. Bras dessus, bras dessous, les deux compagnons pataugeaient dans les marécages en se raccrochant aux buissons épineux et drus, et butaient presque à chaque pas. Ils étaient enfin arrivés à un endroit uni. Petre regarda autour de lui. Jamais encore il ne s'était hasardé dans ce lieu. Basavriouk s'arrêta aussi.

— Devant toi, n'est-ce pas, demanda-t-il, tu vois trois monticules? Il va soudain y croître mille fleurs différentes. Qu'aucune volonté au monde ne te pousse à en toucher une seule! Mais aussitôt que la fougère fleurira, arrache sa fleur, et ne regarde pas derrière toi, malgré tout ce qui pourra arriver.

Pétrus voulait encore questionner, mais déjà Basavriouk avait disparu. Petre, alors, s'avança vers les trois monticules; aucun n'avait ni fleurs, ni même trace de fleurs ; seule, l'herbe sauvage les couvrait de sa noire épaisseur.

Soudain, l'étoile du soir apparaît dans le ciel et tout un parterre de fleurs merveilleuses, comme Petro n'en avait jamais vu, resplendit devant lui. Parmi elles, se trouvait aussi la simple verdure de la fougère. Petre, les deux mains sur ses flancs, demeura hésitant et réfléchi.

— Mais qu'y a-t-il, après tout, de si étonnant ? se disait-il ; dix fois par jour, il arrive de rencontrer cette herbe ! Qu'y a-t-il de si merveilleux ! Ce museau de diable aurait-il voulu, par hasard, se moquer de moi ?

Tout à coup, il voit un petit bourgeon rougir et s'agiter comme si la vie l'animait.

— C'est étrange, en effet !

Le bourgeon continue à s'agiter, grandit et brûle comme un tison ? Une étincelle éclate ; un léger crépitement se fait entendre et la fleur s'épanouit devant ses yeux comme une flamme, en jetant un éclat incandescent sur les autres fleurs autour d'elle.

— Il est temps, se dit Pétrus en avançant

le bras; mais en même temps il voit sortir de derrière lui des centaines de bras velus qui se tendent aussi vers la fleur, et il perçoit comme un bruit de pas qui courent. Il ferme les yeux, attire à lui la tige, et la fleur reste entre ses mains.

Tout se tut; sur le tronc coupé d'un arbre, se montra assis Basavriouk, tout bleu comme un mort; pas un muscle ne remuait en lui. Ses yeux immobiles fixaient une chose que lui seul pouvait voir. Sa bouche, à demi ouverte, était sans parole. Pas un souffle autour de lui. Oh!... effrayant!...

Soudain, on entendit un sifflement qui glaça le sang dans les veines de Petro; il lu sembla que l'herbe chuchotait; et les fleurs commencèrent à parler entre elles avec des voix aigrelettes, semblables à des tintements de clochettes d'argent. Des arbres agités et qui bourdonnaient en se menaçant, tombait comme une pluie d'injures égrenées.

Le visage de Basavriouk s'anima tout à coup, ses yeux lancèrent des éclairs.

— Enfin, te voilà arrivée! sorcière, grommela-t-il entre les dents. — Regarde, Petro, la belle va apparaître tout à l'heure devant toi. Fais tout ce qu'elle t'ordonnera ; sinon tu es perdu.

Puis de son bâton noueux, il écarta le buisson épineux et aussitôt, apparut la petite maisonnette ordinaire des sorcières, bâtie, comme on sait, sur des pattes de poule. Basavriouk frappa du poing et le mur chancela ; un grand chien noir, aux aboiements furieux, s'élança à la rencontre de Basavriouk et de son compagnon, puis, subitement, se transformant en chat, se jeta sur eux.

— Ne fais pas la furibonde ! ne fais pas la furibonde, vieille diablesse ! fit Basavriouk avec un tel juron que tous les braves gens s'en seraient bouché les oreilles.

Soudain, au lieu du chat, se montra une vieille femme au visage ridé comme une pomme cuite, et courbée en deux, le nez et le menton en casse-noisette.

— Une vraie belle, pensa Petro, et un frisson lui courut dans le dos.

La sorcière lui arracha la fleur, se baissa, et la tenant dans ses mains, l'arrosa d'une certaine eau en marmottant longuement. Des étincelles jaillirent de sa bouche, et l'écume monta à ses lèvres.

— Jette-la, dit-elle à Petro en lui rendant la fleur.

Petrus obéit, et, ô merveille ! la fleur ne tomba pas tout de suite, mais longtemps l'on vit comme une petite boule de feu qui voguait dans l'air ainsi qu'une petite barque au milieu de l'obscurité.

Enfin, tout doucement, elle commença à descendre, et tomba si loin qu'elle n'apparaissait plus que comme une petite étoile de la grosseur d'un grain de pavot.

— Ici! fit la vieille d'une voix rauque et sourde, tandis que Basavriouk, remettant une pioche à Petro, lui dit :

— Creuse ici, Petro. Tu y trouveras plus d'or que toi et Korje n'en n'avez jamais vu, même en rêve.

Petrus cracha dans ses mains, prit la pioche, appuya de son pied, et retourna la terre, une première, une seconde, une troisième et encore une autre fois... il rencontra quelque chose de dur. La pioche résonna et n'alla pas plus loin. Alors il commença à distinguer une petite caisse cerclée de fer. Déjà il s'apprêtait à la retirer, mais la caisse s'enfonça dans la terre; plus il faisait d'efforts pour la saisir, plus profondément elle descendait. Derrière lui, se fit entendre un rire qui ressemblait plutôt à un sifflement de serpent.

— Non! tu n'auras pas l'or avant que tu ne te sois procuré du sang humain, dit la sorcière, en amenant devant lui un enfant de six ans recouvert d'un drap blanc; et, d'un signe, elle fit comprendre à Petro qu'il devait lui couper la tête.

Le jeune homme resta pétrifié. Non seulement il fallait couper la tête à un être humain, mais encore cet être était un enfant innocent!...

Furieux, il arracha le drap qui couvrait l'enfant et que vit-il?... Ivas.

Le pauvre petit avait les mains jointes sur la poitrine et la tête baissée!... Hors de lui, Petrus s'élança avec un couteau sur la sorcière; déjà il levait la main...

— Et ta promesse pour posséder la jeune

fille? — fit Basavriouk d'une voix tonnante qui tapa comme une balle le dos de Petro.

La sorcière frappa du pied. Une flamme bleue s'échappa de la terre et la place resta illuminée, le sol devint transparent comme du cristal et tout ce qui était au-dessous, devint aussi visible que sur la main. Des écus, des pierres précieuses étaient entassés dans des caisses, dans des chaudières, juste sous les pieds. Les yeux de Petrus flamboyaient, sa tête se troubla. Affolé, il saisit son couteau et le sang innocent jaillit sur sa figure.

Des rires diaboliques retentirent de tous côtés. Des monstres affreux sautèrent en bandes devant lui. La sorcière, enfonçant ses griffes dans le corps décapité, en but le sang comme une louve... Tout tourna dans la tête de Petro; réunissant ses forces, il se mit à courir; tout devant lui se couvrait d'une couleur rouge. Les arbres ensanglantés flambaient en gémissant; le ciel embrasé tremblait... Des taches de feu passaient comme des éclairs devant les yeux de Petro. A bout de forces, il rentra en courant dans sa chaumière, et comme une gerbe, il tomba par terre. Un sommeil de mort l'envahit aussitôt.

Deux jours et deux nuits, Petrus dormit sans se réveiller; en revenant à lui, le troisième jour, il examina longtemps les coins de sa chambre; mais en vain il s'efforçait de rassembler ses souvenirs. Sa mémoire était comme la poche d'un vieil avare, de laquelle on ne peut pas même retirer un demi kopek. En s'étirant un peu, il entendit résonner quelque chose à ses pieds. Il regarda et vit deux sacs pleins d'or. Alors seulement il se rappela d'une manière vague qu'il cherchait un trésor et qu'il avait eu peur tout seul dans la forêt... Mais à quel prix, comment avait-il pu se procurer ce trésor? cela, il ne pouvait le comprendre d'aucune façon.

Quand Korge vit les sacs, il s'attendrit; ce fut: « Hé! Pétrus, par ci, Hé! Pétrus par là. Voyez-vous ce noiraud! est-ce que je ne l'aimais pas? N'était-il pas ici chez moi comme mon propre fils? »

Et le vieux raifort se mit à tant lui en conter, à tant lui en chanter, que le jeune homme en fut touché jusqu'aux larmes.

Pendant ce temps, Pidarca lui apprit que des Tziganes de passage avaient volé Ivas; mais Petro ne se rappelait plus rien, à tel point l'infernale diablerie l'avait étourdi.

Il n'y avait pas de temps à perdre. On fit un pied de nez au Polonais, et on commença les préparatifs du mariage. On fit cuire des *chichkas* (1) ; on confectionna des essuie-mains brodés et des foulards ; on remonta de la cave un tonneau d'eau-de-vie ; on fit asseoir à table les jeunes mariés ; le pain de noce fut coupé ; des bandouras, des cymbales, des fifres, des kobzas retentirent.

On ne peut pas comparer les noces du vieux temps aux noces d'aujourd'hui. Quand la tante de mon grand-père se mettait à nous les raconter,... je ne vous dis que ça... D'abord c'était comment les jeunes filles — richement coiffées de rubans jaunes, bleus, roses, par-dessus lesquels se nouaient des passementeries dorées, et, en chemise de toile fine brodée sur toutes les coutures de soie rouge et toutes couvertes de petites fleurs d'ar-

(1) Petits pains faits exprès pour le mariage.

gent, chaussées de bottes de maroquin avec de hauts talons ferrés, glissaient comme des paonnes ou, bruyantes commes des ouragans, sautaient dans la chambre; puis comment d'autres jeunes filles, coiffées d'un korablik (1) dont le haut était de brocart d'or avec une petite séparation sur la nuque d'où sortaient un bonnet doré et deux petites cornes de la plus fine fourrure du noir mouton, allant l'une en avant l'autre en arrière; vêtues de kountouchs bleus de la meilleure soie, avec des parements rouges sur la poitrine, sur les manches et à l'endroit des poches, les mains campées sur les reins, s'avançaient fièrement une à une en frappant de leurs pieds la mesure du hopak; comment les jeunes gens avec de hauts bonnets de Cosaques, vêtus de svitkas de drap fin, serrés dans des ceintures brodées d'argent, leur pipe entre les dents, se démenaient autour des jeunes filles en leur contant des balivernes.

Le vieux Korje lui-même ne put se retenir en voyant les jeunes et se mit aussi de la

(1) Korablik, ancienne coiffure de l'Ukraine.

partie. Une bandoura dans les mains, en tirant de sa pipe des bouffées de fumée et en chantonnant en même temps, un gobelet sur la tête, il s'élança et se mit à tournoyer, accompagné par les cris des noceurs.

Que de choses n'invente-t-on pas quand on a déjà la tête un peu échauffée! On se déguisa et on mit des masques. On ne ressembla plus à des gens! Ce n'étaient pas comme les travestissements de nos noces d'aujourd'hui. Que fait-on maintenant? on se borne à imiter les Tziganes et les Moscovites. Non, tandis que jadis, l'un se travestissait en Juif, l'autre en diable, on commençait d'abord par s'embrasser, puis on se tirait par les cheveux... Enfin, que vous dirai-je? on riait à s'en tenir les côtes. On mettait des habits de Turc et des habits de Tartare; cela brillait sur vous comme du feu... et quand on se mettait à faire des tours... alors il fallait emporter tous les saints de la maison (1)!

A mon arrière-grand'tante qui assista à cette

---

(1) Locution russe pour exprimer la gaieté poussée jusqu'à la folie. (*Note du traducteur.*)

noce, il arriva une amusante histoire. Elle s'était affublée d'une large robe de Tartare et, un gobelet à la main, elle faisait les honneurs à l'assistance. Voilà que le Malin poussa l'un des convives à lui verser de l'eau-de-vie sur le dos ; un autre qui était aussi un avisé, battit le briquet au même moment et alluma le dos de la tante. La malheureuse, toute effrayée, commença à se déshabiller devant tout le monde... des cris ! des rires ! une vraie cacophonie comme à la foire ; en un mot, les vieux eux-mêmes ne se souvenaient pas d'une noce aussi joyeuse.

Aussi Pidarca et Petrus commençaient à vivre comme de vrais seigneurs. Ils avaient de tout en abondance ; tout étincelait autour d'eux... cependant, les bonnes gens hochaient la tête avec méfiance.

— Il n'y a jamais du bien où le diable se mêle — disaient-ils d'une seule voix — car d'où Pétrus avait-il pu avoir une telle richesse, si ce n'était pas du tentateur de la gent orthodoxe ? Pourquoi précisément, le jour où il devint riche, Basavriouk disparut-il comme sous terre ?

Dites que les gens aiment à inventer, puisque, en effet, un mois à peine après le mariage, Petrus n'était plus reconnaissable. Pourquoi et comment avait-il changé ainsi? Dieu le sait! Toujours est-il qu'il restait assis sur place, sans échanger un seul mot avec personne, toujours absorbé dans ses réflexions et comme s'efforçant de se rappeler quelque chose.

Quand Pidarca réussit à le faire parler un peu, il semble soudain s'animer, s'oublier, devenir même gai; mais si, par hasard, il jette ses regards sur les sacs d'or:

— Attends! attends! j'ai oublié, crie-t-il. Et de nouveau, il devient songeur et, de nouveau, il cherche à se rappeler !...

Par moments, quand il reste longtemps à la même place, il lui semble que le jour va enfin se faire dans son esprit.... Mais, encore une fois, tout disparaît. Il se rappelle bien être allé au cabaret; il s'y voit; on lui apporte de l'eau-de-vie; elle lui brûle la gorge; elle le dégoûte; quelqu'un s'approche, lui frappe sur l'épaule... Puis tout se couvre d'un brouillard devant lui. La sueur inonde son visage et il reste exténué à sa place.

Que ne faisait pas Pidarca ? Elle demandait conseil aux guérisseurs ; elle faisait couler le perepolokh, cuire la soniachnitsa (1); rien ne soulageait Petrus !

L'été passa ainsi. Nombre de Cosaques avaient déjà fauché et récolté. Nombre d'autres, plus hardis, étaient partis en excursion. Des bandes de canards sauvages se pressaient encore sur nos marécages, mais déjà depuis longtemps, les roitelets avaient disparu. Les steppes prenaient leur teinte rouge d'automne. Çà et là, semblables à des bonnets de Cosaques, des meules se montraient dans les champs. Sur la route on rencontrait des char-

(1) On fait en Ukraine couler le perepolokh quand quelqu'un s'effraie et que l'on veut savoir qui en est la cause: on jette du plomb fondu ou de la cire dans l'eau froide et la figure ou l'image que ce liquide prendra est justement celle qui a fait peur au malade; après cela la frayeur doit cesser. On fait cuire la soniachnitsa pour faire passer le mal de cœur et le mal de ventre. A cet effet on allume de l'étoupe, on la jette dans un gobelet et on la renverse dans une cuvette pleine d'eau posée sur le ventre du malade; puis, après certaines paroles murmurées, on lui donne à boire une cuillerée de cette eau. (*Note de l'Auteur*.)

rettes pleines de broussailles et de bois. La terre devenait déjà plus dure sous les pieds, et, par endroits, se glaçait. Déjà la neige commençait à se tamiser, et les branches des arbres saupoudrées de givre, semblaient recouvertes d'une fourrure de lièvre. Déjà, par une claire journée de gelée, le bouvreuil au poitrail rouge, comme un élégant dandy Polonais, se promenait sur les monticules de neige en y picorant des grains, et les enfants, avec de grandes perches, faisaient tourner des toupies en bois, pendant que leurs pères, après s'être longtemps prélassés sur leurs fourneaux, apparaissaient par intervalles sur le seuil de leur demeure, la pipe entre les dents, pour envoyer un bon juron à la gelée orthodoxe, ou prendre un peu l'air ou remuer le blé dans la grange.

Enfin la neige elle-même commence à fondre. « Le brochet, de sa queue, a déjà rompu la glace »; mais Petrus reste toujours le même, et plus il va, plus il devient morose. Il est assis, comme cloué au milieu de sa katha, ses sacs d'or à ses pieds ; il est devenu sauvage ; il a laissé croître ses cheveux et sa barbe, il est terrifiant, et ne pense qu'à une chose : se souvenir !... Il se fâche, il s'irrite de son impuissance.

Souvent, l'air égaré, il se lève de sa place, agite les bras, et, de ses yeux fixes, semble désigner quelque chose qu'il veut atteindre. Ses lèvres remuent comme si elles voulaient prononcer une parole oubliée, puis elles s'arrêtent... Une rage l'envahit. Fou, il ronge et mord ses mains, il s'arrache avec colère des poignées de cheveux, jusqu'à ce que calmé, il tombe dans une sorte de torpeur ; puis il recommence à se souvenir et, de nouveau, la rage, de nouveau les souffrances !...

D'où vient cette malédiction de Dieu ? La vie n'est plus possible pour Pidarca. Elle avait peur d'abord de rester seule auprès de son mari dans la khata; peu à peu cependant la pauvrette s'est habituée à son malheur. Mais on ne reconnaît plus la Pidarca de jadis. Plus de rose sur ses joues, plus de sourire sur ses lèvres; elle est fatiguée, amaigrie, les larmes se sont taries dans ses yeux.

Un jour, quelqu'un eut pitié d'elle et lui conseilla d'aller trouver la sorcière qui demeurait dans le ravin de l'Ours et qui avait la renommée de guérir toutes les maladies du monde. Pidarca se décida à employer ce dernier moyen. Elle se rendit à l'endroit indiqué et réussit à persuader la vieille de la suivre au village.

C'était précisément ce soir-là encore la veille de la Saint-Jean. Petro était étendu sur un banc et ne vit pas la nouvelle arrivée ; mais peu à peu, il commença à se soulever et à l'examiner. Tout à coup il tressaillit comme sur le billot ; ses cheveux se dressèrent sur sa tête et il s'esclaffa d'un tel rire que Pidarca en devint terrifiée.

— Je me souviens, je me souviens, s'écriat-il, avec une joie horrible, et, brandissant une hache, il la lança de toutes ses forces dans la vieille. La hache s'enfonça de trois pouces dans la porte de chêne. La vieille disparut et un enfant de sept ans, en chemise blanche, la tête recouverte, resta au milieu de la khata... Le drap tomba.

— Ivas ! s'écria Pidarca en s'élançant vers lui. Mais le fantôme se couvrit de sang de la tête aux pieds et remplit la khata d'une lumière rouge... Tout effrayée, Pidarca se sauva hors de la maison, puis revenant à elle, elle voulut courir à l'aide de son frère ; ce fut en vain. La porte s'était fermée derrière elle si fortement qu'elle n'eut pas la force de l'ouvrir.

Des gens accoururent ; ils se mirent à frapper et finalement enfoncèrent la porte ; pas une âme ! Toute la khata est pleine de fumée et, au milieu, là où était Pétrus, se trouvait un tas de cendres d'où, par endroits, s'échappait encore de la vapeur. On se jeta sur les sacs et, au lieu d'écus, on n'y trouva que des débris de poteries cassées. Les yeux et les bouches grandes ouvertes, n'osant pas remuer un seul poil de leurs moustaches, les Cosaques demeuraient comme cloués sur terre. Telle fut l'épouvante qui les envahit !

De ce qui se passa après, je ne me souviens plus. Pidarca fit le vœu d'aller en pèlerinage, ramassa tout le bien qui lui vint de son père et, quelques jours après, elle avait quitté le village. Où était-elle partie ? Personne ne pouvait le dire.

Les vieilles commères l'avaient d'abord envoyée là où était déjà parti Petrus.

Mais un Cosaque, qui arrivait de Kiew, racontait qu'il voyait dans la laure (1) une religieuse desséchée comme un squelette et tout le temps en prière; dans la description qu'il en fit, les gens du pays reconnurent Pidarca. Il disait encore que personne n'avait jamais entendu une seule parole d'elle; qu'elle était venue à pied, en apportant pour l'icône de la Sainte-Vierge un ornement semé de pierres si éclatantes que les yeux éblouis se fermaient tous en le regardant.

Permettez! là ne se termine pas encore l'histoire. Le même jour que le diable avait entraîné Petrus chez lui, Basavriouk reparut de nouveau; mais tout le monde le fuyait. On connaissait déjà l'oiseau : il n'était rien autre que Satan qui avait pris le masque d'un homme pour découvrir les trésors; mais comme les trésors ne se laissent pas prendre par des mains impures, il séduisait des gens!...

La même année, tous abandonnèrent leurs chaumières et allèrent habiter le grand vil-

---

(1) Monastère de premier ordre.

lage. Mais là, non plus, on ne fut pas à l'abri du maudit Basavriouk. La tante de mon défunt grand-père disait que c'était à elle qu'il en voulait le plus, parce qu'elle avait abandonné son cabaret de la grand'route, et il cherchait à se venger de toutes les manières.

Un jour, les anciens du village, réunis dans le cabaret, s'entretenaient entre eux assis autour d'une table au milieu de laquelle était servi, pour vous dire sans mentir, un mouton entier rôti. On parlait de cela, d'autre chose. On contait aussi des histoires merveilleuses. Tout à coup, les convives croient voir — ce ne serait encore rien si ce n'eût été qu'un seul, mais tous à la fois, — le mouton lever la tête, ses yeux éteints s'animer et s'allumer et des moustaches drues, qui poussèrent soudain, remuer du côté des assistants d'une manière significative.

On reconnut aussitôt, dans la tête du mouton, le museau de Basavriouk.

Mon arrière-grand'tante s'attendait déjà à l'entendre demander de l'eau-de-vie.

Les honorables anciens saisirent aussitôt leur bonnet et se sauvèrent.

Une autre fois, le marguillier lui-même qui aimait de temps à autre à causer en tête-à-tête avec le gobelet des aïeux, eut à peine regardé pour la seconde fois le fond de son verre qu'il vit tout à coup ce même verre le saluer respectueusement.

— Que le diable t'emporte ! et il se signa !...

En même temps une chose aussi étrange arrivait à sa moitié : à peine s'était-elle mise à pétrir la pâte dans un grand tonneau, que tout à coup, le tonneau sursauta.

— Arrête ! arrête !

Mais quoi ! Dans la position d'un homme qui se tiendrait les deux mains sur les hanches, le tonneau, avec un air d'importance, se mit à danser dans toute la khata...

Riez, riez, de cela !... Mais nos grands-pères étaient loin d'en rire, et malgré que le père Athanase traversât tout le village pour chasser le diable en aspergeant les rues d'eau bénite, mon arrière-grand'tante se plaignait quand même toujours, disant qu'aussitôt le soir venu, quelque chose frappait sur le toit et grattait le mur.

Mais quoi! Ainsi à présent, sur la place même où est bâti notre village et où tout semble tranquille, il n'y a cependant pas bien longtemps encore que feu mon père se souvenait et moi aussi que les braves gens ne pouvaient passer auprès du cabaret en ruines; longtemps la race impure l'entretint à son compte. Du tuyau du poêle noirci la fumée s'échappait en colonne et s'élevait si haut que, quand on la regardait, le bonnet tombait de la tête; cette fumée se répandait en tisons embrasés sur les steppes; et le diable (je ne devrais même pas nommer ce fils de chien!) le diable sanglotait si plaintivement dans sa retraite, que les corbeaux, effrayés, s'envolaient de la forêt de chênes voisine et sillonnaient le ciel avec des cris sauvages.

LA MISSIVE PERDUE

HISTOIRE VRAIE

Racontée par le sacristain de l'église de ***

Alors vous voulez que je vous raconte encore quelque chose sur mon grand-père ? Soit ! pourquoi refuserais-je de vous amuser d'une historiette ? Ah ! le bon vieux temps ! le bon vieux temps ! Quelle joie, quel délire envahit le cœur quand on entend raconter quelque chose sur ce qui se passait dans le monde il y a longtemps, si longtemps qu'il est impossible de préciser l'année et le mois. Et, si encore il s'agit de quelque parent, grand-père ou aïeul, alors c'est à n'en pas revenir ! Qu'il me pousse un rat dans la gorge en chantant le *gloria* à sainte Barbe Martyre, s'il ne me semble pas que la chose m'est arrivée à moi-même, et que je suis entré dans la peau de mon aïeul ou que c'est son âme qui tressaute en moi...

Non! ce qui est pire encore, ce sont nos jeunes filles et nos jeunes gens. Que je me montre seulement devant eux :

— Foma Grigorievitch ! Foma Grigorievitch ! allons, un conte bien effrayant, vite, vite !...

Et ta ra ta ta ta ta ! et çi et ça...

Certes ! il ne m'en coûte pas beaucoup de leur raconter quelque chose, mais si vous voyiez ensuite ce qu'ils deviennent une fois dans leur lit... je sais pertinemment que chaque jeune fille tremble sous sa couverture comme si elle avait la fièvre et serait bien aise de pouvoir tirer son touloupe jusque par-dessus sa tête. Qu'un rat gratte sur une marmite ou que la jeune fille elle-même fasse tomber son tisonnier d'un mouvement de son pied ! Oh, seigneur ! elle en reste glacée de frayeur ; et le lendemain matin, c'est comme si rien ne s'était passé ; elle vous harcèle de nouveau ;

contez-lui une histoire effrayante; elle ne connaît que ça.

Eh bien ! que vais-je donc vous raconter ? ça ne vient pas tout de suite à l'esprit. Ah ! oui ! je vais vous dire comment les sorcières jouèrent avec mon grand-père au dourak (1). Seulement je vous prierai, messieurs, de ne pas me troubler par des questions, autrement il en sortirait un salmigondis impossible à servir.

Il faut vous dire que mon défunt grand-père était bien au-dessus des simples Cosaques. Il savait où mettre les signes d'abréviation dans la langue vieille-slave. Pendant les fêtes, il vous psalmodiait les épîtres avec une rapidité à rendre des points à un fils de pope d'aujourd'hui. Eh bien ! comme vous savez, dans le temps jadis, si on avait réuni tous les lettrés de la ville de Batourine, on n'aurait pas eu besoin de tendre son bonnet pour les mettre dedans; le creux de la main aurait suffi. Par conséquent il n'y a pas à s'étonner si tous ceux que rencontrait le grand-père s'inclinaient jusqu'à la ceinture.

(1) Jeu de cartes.

Un jour, le sérénissime Hetmann eut l'idée d'envoyer une missive à la Czarine. Le scribe du régiment (que le diable l'emporte), j'ai oublié son nom! est-ce Viskriak ou non? Motuzotchka ou non? Golopoutsek ou non?... En tout cas, ce que je sais, c'est que son nom était très difficile. Enfin le scribe du régiment appela mon grand-père et lui dit que l'hetmann le chargeait d'aller porter une missive à la Czarine.

Mon grand-père n'aimait pas à faire de longs préparatifs. Il cousit la missive dans son bonnet, attela son cheval, embrassa sa femme et ses deux (comme il les appelait) petits cochons dont l'un était mon père, et partit en soulevant derrière lui autant de poussière que si quinze gaillards eussent joué aux barres au milieu de la rue.

Le lendemain matin, le coq n'avait pas encore chanté pour la quatrième fois que mon grand-père était déjà à Konotop. Il y avait là en ce moment une foire : une telle foule encombrait les rues qu'on en avait mal aux yeux à regarder ; mais comme il était encore de très bonne heure, tous les gens dormaient étendus par terre. Auprès d'une vache, était couché un parobok noceur au nez rouge comme un bouvreuil; plus loin ronflait, assise devant son étalage, une marchande de pierres à feu, de bleu, de plomb à fusil et de bubliki. Sous une téléga (1), était couché un tzigane; sur une charrette chargée de poisson était étendu un tchoumak (2); et, sur la grande route, les jambes étalées, restait couché un Moscovite barbu avec une cargaison de ceintures et de mitaines... En un mot, il y avait là toutes sortes de gens comme on en trouve dans les foires.

Mon grand-père s'arrêta pour regarder autour de lui. Les tentes commençaient peu à peu à s'animer : les juives rangeaient leurs flacons ; la fumée montait çà et là en spirales et l'odeur des friandises chaudes se répandait sur tout le campement.

Mon grand-père se rappela qu'il n'avait ni de l'étoupe ni du tabac, et il se mit à en chercher dans la foire. Il avait à peine fait vingt pas qu'il rencontra un Zaporogue, un vrai

(1) Charrette.
(2) Voiturier.

noceur; on s'en rendait bien compte en le voyant.

Des pantalons rouges comme le feu, un cafetan bleu, une ceinture de couleur écarlate, le sabre au côté, un brûle-gueule avec une chatnette en cuivre pendant jusqu'aux pieds, en un mot un vrai Zaporogue! Ah! quels gars! comme ils s'arrêtent, s'étirent en passant la main dans cette brave moustache, font retentir le fer de leurs talons et se mettent à danser : leurs jambes tournent avec la vitesse d'une quenouille dans les mains d'une femme! comme un tourbillon ils font résonner toutes les cordes de leurs bandouras, puis, les mains sur les hanches, ils s'élancent en prissiadka(1), et entonnent une chanson à vous transporter l'âme !... Non ! le temps est passé. On ne verra plus de Zaporogues!

Donc mon grand-père rencontra un de ces Zaporogues. D'un mot à un autre, il ne leur fallut pas longtemps pour devenir amis. On se mit à bavarder, à bavarder au point que mon

---

(1) Danse où l'on s'accroupit en faisant glisser les pieds l'un après l'autre avec une grande vitesse et qui exige une habileté extrême. (*Note du traducteur.*)

grand-père oublia tout à fait son voyage. Ils burent autant qu'à une noce avant le grand carême.

Enfin ils furent las de casser des pots et de semer l'argent dans la foule; d'ailleurs la foire elle-même ne pouvait pas durer une éternité; les deux nouveaux amis convinrent alors de ne pas se séparer et de faire route ensemble.

La soirée était déjà avancée quand ils se trouvèrent au milieu des champs. Le soleil partit pour le repos, ne laissant çà et là derrière lui que des bandes rougeâtres. La campagne, avec ses prairies bigarrées, était pareille aux robes de fête des jeunes filles aux noirs sourcils. Une terrible démangeaison de langue empoigna notre Zaporogue; mon grand-père et un autre noceur qui s'était joint à eux, pensaient déjà qu'un diable avait dû s'introduire en lui. Où allait-il chercher toutes ces histoires et contes si drôles que mon grand-père s'en tenait les côtes et faillit en avoir mal au ventre. Mais plus on avançait, plus l'obscurité augmentait, et en même temps les discours du gars perdaient de leur verve. Enfin le conteur se tut tout à fait, et commença à tressaillir à chaque bruit.

— Eh! eh! pays. Je vois que tu te mets sérieusement à compter les hiboux. Tu penses déjà à te sauver au plus vite chez toi et à remonter sur ton poêle!

— Eh bien! je ne veux pas vous cacher la chose, dit tout à coup le Zaporogue en se tournant vers ses compagnons et en fixant ses yeux sur eux. — Sachez que mon âme est vendue depuis longtemps au Malin.

— Eh! qu'est-ce que cela fait? Qui dans sa vie, n'a pas eu d'affaire à débrouiller avec les impurs. C'est précisément alors qu'il faut, comme on dit, faire la noce à tout casser.

— Eh! compagnons, je nocerais bien; mais il se trouve que précisément cette nuit les délais sont expirés. Eh! frères, dit-il, en tapant dans leurs mains, venez-moi en aide, ne dormez pas de cette nuit; de ma vie, je n'oublierai votre service.

Comment ne pas venir en aide à un homme dans un si grand malheur! Mon grand-père déclara aussitôt qu'il donnerait plutôt à couper l'oceledets de sa propre tête, que de laisser le diable flairer de son museau de chien une âme chrétienne.

Nos Cosaques auraient peut-être poursuivi leur route, si la nuit n'avait pas enveloppé tout le ciel comme d'un voile noir et qu'il n'eût fait aussi sombre dans les champs que sous un touloupe de mouton. Au loin seulement scintillait une faible lueur, et les chevaux, sentant l'écurie proche, se dépêchaient, les oreilles tendues et leurs yeux perçant l'obscurité. La petite lueur semblait se porter d'elle-même à leur rencontre et, devant les Cosaques, apparut la petite maisonnette d'un cabaret, penchée sur le côté comme une femme au retour d'un joyeux baptême.

A cette époque, les cabarets n'étaient pas ce qu'ils sont aujourd'hui. Un honnête homme n'avait non seulement pas la place de se mettre à l'aise ou de danser le hopak, mais même de se coucher quand le vin alourdissait sa tête et que ses jambes commençaient à décrire des zigzags.

Toute la cour était encombrée de charrettes de Tchoumaks. Dans les hangars, dans les étables, dans le vestibule, tous ronflaient comme des chats, l'un recroquevillé, l'autre étalé. Le cabaretier seul, devant son lampion, faisait des entailles sur un bâton pour marquer combien de mesures avaient vidées les têtes de Tchoumaks.

Mon grand-père, après avoir commandé le tiers d'un seau d'eau-de-vie pour trois, se rendit dans le hangar où lui et ses compagnons s'étendirent l'un à côté de l'autre. Il n'avait pas encore eu le temps de se retourner qu'il s'aperçut que ses pays dormaient déjà d'un sommeil de plomb. Réveillant le troisième Cosaque qui s'était joint à eux, pendant la route, mon grand-père lui rappela la promesse donnée au compagnon. Celui-ci se souleva, se frotta les yeux et s'endormit de nouveau. Que faire! sinon se résigner à monter la garde tout seul.

Pour chasser le sommeil, mon grand-père alla examiner toutes les charrettes, s'assurer de ce que faisaient les chevaux, alluma sa pipe, revint et s'assit de nouveau auprès de ses compagnons. Tout était calme au point qu'on aurait pu entendre le vol d'une mouche. Voilà que tout à coup, il voit quelque chose de gris montrer des cornes au-dessus d'une charrette voisine ; en même temps ses yeux commençaient à se fermer, de sorte qu'il dut les frotter à chaque instant de son poing et les laver avec de l'eau-de-vie qui restait; aussitôt que ses yeux redevenaient clairs, tout disparaissait. Mais peu après, le monstre se montrait de nouveau derrière la charrette.

Mon grand-père écarquilla les yeux autant qu'il put, mais le maudit sommeil voilait tout devant lui. Ses bras s'engourdirent, sa tête se pencha et un sommeil si profond l'envahit qu'il tomba comme mort.

Le grand-père dormit longtemps; ce ne fut que quand le soleil eut bien chauffé sa tonsure qu'il se leva vivement sur ses jambes. Après s'être étiré par deux fois et avoir gratté son dos, il remarqua qu'il y avait déjà moins de charrettes que la veille; les Tchoumaks probablement étaient partis à l'aube. Il regarda du côté de ses compagnons: le Cosaque était là qui dormait encore, mais le Zaporogue avait disparu. Il se mit à questionner les gens, mais personne ne savait rien. Seule la svitka du Zaporogue était restée à la place où celui-ci s'était couché.

Effrayé, mon grand-père réfléchit un moment. Il alla voir les chevaux, mais il ne trouva ni le sien ni celui du Zaporogue. « Qu'est ce que cela pouvait bien être? Admettons : la force maligne s'est emparée du Zaporogue ; mais qui a pris les chevaux? »

Après avoir longtemps songé, le grand-père conclut que le diable était venu et, comme il y avait une longue trotte pour retourner jusqu'en enfer, il avait chipé son cheval. Il était très chagriné de n'avoir pas tenu sa parole de Cosaque.

— Eh bien, pensa-t-il, rien à faire! j'irai à pied! Peut-être trouverai-je sur ma route quelque maquignon retour de la foire et pourrai-je lui acheter un cheval?

Il voulut mettre son bonnet, mais le bonnet lui-même avait disparu. Mon défunt grand-père joignit ses mains de désespoir, en se rappelant que la veille, il l'avait échangé contre celui du Zaporogue. L'impur l'avait donc volé aussi! Il pouvait se fouiller maintenant! Il en aurait des cadeaux de l'hetmann !... Le voilà bien parti, pour porter la missive à la Czarine ! Et alors mon grand-père se mit à invectiver à tel point le diable que, dans le fond de l'enfer, il en dut éternuer plus d'une fois (1).

Mais les paroles ne font pas marcher les choses : mon grand-père eut beau se gratter la nuque, il n'en trouva rien pour cela. Que faire? Alors il eut recours à l'intelligence des autres. Il réunit toutes les bonnes gens qui se trouvaient dans le cabaret, Tchoumacks ou autres passants, et leur raconta son malheur. Les Tchoumaks restèrent longtemps à réfléchir, le menton appuyé sur leur fouet, hochèrent la tête et finirent par dire qu'ils n'avaient jamais entendu parler dans tout le monde chrétien de missive d'hetmann volée par le diable ; d'autres ajoutèrent qu'une fois qu'un diable ou qu'un Moscovite volait une chose, il n'y avait plus rien à espérer. Seul, le cabaretier restait silencieux dans son coin. Le grand-père s'adressa à lui : « Quand un homme

(1) Expression russe qui a le même sens que lorsque nous disons : cela siffle dans mon oreille. (*Note du traducteur.*)

garde le silence c'est qu'il a beaucoup d'esprit. »
Seulement le cabaretier n'était pas très prodigue de paroles : et si mon grand-père n'avait pas sorti de sa poche cinq écus, il n'aurait pas tiré un seul mot de lui.

— Je vais t'apprendre comment tu pourras retrouver ta missive, dit l'hôte, en emmenant mon grand-père à l'écart.

Mon grand-père se sentit comme allégé d'un poids.

— Je vois déjà dans tes yeux que tu es un Cosaque et non pas une femme. Eh bien ! écoute : Tout près d'ici, un chemin tourne à droite dans la forêt. Aussitôt que le soir tombera sur les champs, trouve-toi prêt à te mettre en route. Dans la forêt vivent des tziganes qui ne sortent de leurs repaires que pour forger le fer aux heures de la nuit où les sorcières seules se promènent à cheval sur leur tisonnier. Quelle est, au fond, leur véritable profession ? Cela ne te regarde pas. Il y aura beaucoup de tapage dans la forêt ; seulement ne va pas dans la direction d'où tu l'entendras. Tu trouveras devant toi un petit sentier qui passe auprès d'un arbre brûlé par la foudre ; prends ce chemin, et marche, marche, marche... Les buissons épineux t'écorcheront ; des fourrés épais de noisetiers te barreront la route — toi, marche toujours, et quand tu arriveras près d'un petit ruisseau, ce sera alors seulement que tu pourras t'arrêter, et tu verras ce que tu veux. N'oublie pas non plus de mettre dans tes poches la chose pour laquelle elles sont faites... Tu comprends, diable ou homme, tout le monde l'aime...

Après avoir ainsi parlé, le cabaretier se retira dans sa chambre et ne voulut plus ajouter un seul mot.

Mon défunt grand-père n'était pas un poltron. S'il lui arrivait de rencontrer un loup, il le saisissait par la queue ; quand de ses poings, il se frayait un chemin parmi les Cosaques, tous tombaient autour de lui comme des poires. Cependant un frisson lui courut dans le dos quand il entra par une nuit aussi noire dans la forêt. Pas une étoile au ciel. Il faisait sombre et désert autant que dans une cave. On n'entendait que là haut, là-haut au dessus de la tête, le vent froid qui se promenaît sur le sommet des arbres, et ceux-ci, comme autant de têtes de Cosaques ivres, chancelaient, semblables à des noceurs, en murmurant de leurs feuillages des discours sans suite. Ce fut au moment où, sentant le froid plus vif, il regretta de n'avoir pas pris son touloupe en peau de mouton que, subitement, la forêt se trouva éclairée comme par l'aurore, et en même temps un bruit semblable à celui de cent marteaux sonna si fort dans ses oreilles qu'il crut en avoir la tête cassée.

Mon grand père aperçut aussitôt devant lui un petit sentier qui serpentait à travers des buissons ; l'arbre brûlé par la foudre apparut également ainsi que les arbustes épineux. Tout cela était bien tel qu'on le lui avait indiqué. Non ! le cabaretier ne l'avait pas trompé. Mais il n'était pas bien facile ni bien gai de se frayer un chemin à travers les épines. De sa vie, il n'avait vu épines et branches écorcher si douloureusement ; presque à chaque pas, il étouffait un cri. Cependant, peu à peu, il sortit de cet endroit et arriva sur une place plus libre, où autant qu'il put le remarquer, les arbres devenaient plus rares, mais en même temps si énormes, qu'il n'en n'avait jamais rencontré de semblables même de l'autre côté de la Pologne.

Tout à coup au milieu des arbres, apparut le ruisseau au reflet d'acier d'un noir bleuâtre. Le grand-père resta longtemps sur le bord en regardant de tous côtés. Sur la rive opposée brillait un feu qui, tantôt semblait s'éteindre et tantôt se ravivait, reflétant sa flamme dans le ruisseau qui tremblait là-dessous comme un Polonais sous la poigne d'un Cosaque.

Enfin apparut le petit point. Ah ! par exemple ! Ce n'est que la voiture du diable qui pourrait passer là-dessus ?

Cependant, mon grand-père mit le pied sur le pont avec courage, et en moins de temps qu'un priseur n'en met à retirer une prise de sa tabatière et à la porter à son nez, il était déjà de l'autre côté. Alors seulement, il put distinguer qu'autour du feu se trouvaient des hommes au museau à tel point attrayant, qu'en toute autre occasion, il aurait donné Dieu sait quoi pour fuir de pareilles connaissances. Mais pour le moment il n'y avait pas à reculer, il fallait lier conversation.

Mon grand-père salua presque jusqu'à la ceinture et dit :

— Dieu soit avec vous, bonnes gens !

Pas un ne répondit même d'un hochement de tête. Toujours silencieux, ils versèrent quelque chose dans le feu. Remarquant une place libre, mon grand père l'occupa sans autre préambule. Longtemps on resta ainsi sans mot dire. Mon grand-père commençait déjà à s'ennuyer. Il se mit à fouiller dans sa poche, en tirant sa pipe et, tranquillement, examina les visages de ses compagnons. Personne ne s'occupait de lui.

— Voudriez-vous être assez aimable ?... Comment dirais-je... pour... (mon grand-père avait l'usage du monde et savait comment s'y prendre pour tourner une phrase ; devant le Czar même il ne se fût point laissé décontenancer) pour... pour que je me mette à l'aise et qu'en même temps je ne vous offense pas. J'ai bien du tabac, une pipe, mais rien pour allumer.

A son discours rien ne fut encore répondu.

Un museau seulement lui avança un tison dans la figure d'une façon telle, que si mon grand-père n'avait écarté la tête, il eût pu dire pour toujours adieu à un œil.

Voyant enfin qu'il perdait inutilement son temps il se décida — que cette race impure l'écoutât ou non — à raconter son affaire. Alors les museaux tendirent les oreilles et avancèrent leurs pattes. Mon grand père les comprit ; rassemblant en une seule poignée tout l'argent qu'il avait sur lui, il le jeta au milieu de la ronde comme à des chiens. Aussitôt l'argent jeté, tout devant lui, tourbillonna ; la terre trembla, et comment cela se fit-il? il n'a pu l'expliquer lui-même, mais il tomba jusqu'en enfer.

— Oh là! là! petit père, s'écria-t-il en jetant ses regards de tous côtés.

Quels monstres ne vit-il pas ! rien que museaux sur museaux ! comme on dit. Il y avait là autant de sorcières qu'il tombe de la neige à Noël, toutes parées, maquillées ; on eût dit des jeunes filles à la foire ; et toutes, autant qu'il y en avait, dansaient comme enivrées quelque sarabande de diable ; et quelle poussière elles soulevaient ! Un chrétien eût tremblé rien qu'à la vue des sauts qu'elles faisaient.

Mon grand père, malgré toute sa frayeur, ne put s'empêcher de rire en voyant de quelle manière les diables, avec leurs museaux de chien et leurs longues jambes d'Allemands, la queue frétillante, tournaient autour des sorcières comme des jeunes gens auprès des jeunes filles, tandis que les musciens, frappant sur leurs joues de leurs poings comme sur des tambours de basque, faisaient siffler leurs nez comme des flûtes.

A peine aperçurent-ils le grand-père que, tous en bande, se précipitèrent vers lui. Des museaux de cochon, de chien, de bouc, d'outarde, de cheval, tous tendaient le cou et cherchaient à l'embrasser. Un tel dégoût prit mon grand-père qu'il en cracha. Enfin on le saisit et on le fit asseoir devant une table si longue qu'elle irait bien de Konotop à Batourine.

« Eh bien ! ça ne va pas encore si mal que cela ! » pensa le grand père en apercevant sur la table du porc, du saucisson, de l'oignon et du choux hâchés ensemble et beaucoup d'autres friandises.

« On voit que cette crapule de Diable n'observe pas le carême. »

Il faut vous dire que mon grand-père ne manquait jamais l'occasion de se mettre quelque chose sous la dent quand il le pouvait ; le défunt avait bon appétit ; donc sans perdre de temps, il attira à lui le plat où étaient le lard et le jambon, prit une fourchette presque aussi grosse que la fourche dont un moujik se sert pour le foin, piqua le plus gros morceau, fixa avec sa main un croûton de pain sous son menton, et, au moment où il faisait le geste d'avaler le morceau, l'envoya, malgré lui, dans une autre bouche, et tout auprès de ses oreilles, il entendit mâcher un museau et le bruit de la mâchoire allait jusqu'aux deux extrémités de la table.

Mon grand-père ne dit mot ; il piqua un autre morceau ; déjà il l'avait sur les lèvres, mais de nouveau, la bouchée alla dans un autre gosier. Il en fut de même la troisième fois. La fureur s'empara de mon grand-père ; oubliant la peur et dans quelles pattes il se trouvait, il s'avança menaçant vers les sorcières.

— Eh quoi! race d'Hérode! vous imaginez-vous que vous allez toujours vous moquer de moi? Si vous ne me rendez pas à l'instant mon bonnet de Cosaque, que je devienne catholique si je ne vous retourne pas vos groins sens devant derrière!

A peine achevait-il ces paroles que tous les monstres montrèrent les dents, et s'esclaffèrent d'un tel rire que le cœur de mon grand-père en fut glacé.

— C'est entendu, piaula l'une des sorcières que mon grand-père jugea être la présidente, car son museau était encore plus laid que celui des autres, nous te rendrons ton bonnet ...seulement quand tu auras fait avec nous trois parties de suite au *dourak* (1).

Que faire! un Cosaque jouer au *dourak* avec des femmes! Mon grand-père se rebiffa d'abord, mais il dut céder. On apporta des cartes aussi crasseuses que celles avec les-

---

(1) Jeu de cartes où le perdant reste *Dourak*, c'est-à-dire imbécile.

quelles la fille d'un pope cherche à deviner quel sera son fiancé.

— Écoute donc, aboya pour la seconde fois la sorcière, si tu gagnes, ne fût-ce qu'une seule fois, le bonnet est à toi ; mais si tu restes *dourak* les trois fois, alors il ne faut pas nous en vouloir, non seulement tu ne reverras plus ton bonnet, mais peut-être même jamais plus le monde !

— Donne toujours les cartes, sorcière, arrivera ce qui pourra.

Les cartes furent données ; mon grand-père prit son jeu dans sa main — ce n'était même pas à regarder ; si encore même, rien que pour la farce, il y avait eu un seul atout ! Des couleurs restant, c'était le dix qui était le plus fort ; pas une figure, tandis que la sorcière avançait toujours des cartes maîtresses. Mon grand-père dut rester *dourak*, et à peine la première partie fut-elle terminée, que de tous côtés les museaux se mirent à aboyer, à hennir, à grogner : « *Dourak, dourak, dourak!* »

— Que votre peau en crève, race de diable ! s'écria mon grand-père en se bouchant les oreilles.

« Allons, pensa-t-il, la sorcière a triché en battant les cartes ; c'est à mon tour maintenant de donner. »

Il donna, retourna la carte d'atout, regarda son jeu qui était bon ; il y avait aussi des atouts. D'abord ça alla on ne peut pas mieux ; mais la sorcière abattit cinq cartes dont des rois. Mon grand-père n'avait heureusement en main que des atouts ; sans plus réfléchir, il frappa de ces atouts les moustaches des rois.

— Hé ! hé ! mais ça n'est pas en Cosaque que tu joues là ? Avec quoi couvres-tu donc mes cartes, pays ?

— Comment avec quoi ? avec des atouts.

— Peut-être chez vous ce sont des atouts, mais pas chez nous.

Mon grand-père regarde, et, en effet, c'est une couleur ordinaire. — Quelle manigance ! — Il dut rester pour la seconde fois *dourak* et les impurs de nouveau de crier à tue-tête : *Dourak ! dourak ! dourak !*

La table en tremblait et les cartes sursautaient.

Mon grand-père s'échauffait de plus en

plus. Il donna pour la troisième partie. Comme tantôt, cela marcha d'abord très bien. La sorcière abattit cinq cartes (1); mon grand-père les couvrit et prit, du talon, plein la main d'atouts.

— Atout, s'écria-t-il, en frappant avec la carte sur la table au point de la retourner. La sorcière, sans mot dire, la couvrit par un simple huit.

— Et par quoi couvres-tu, vieille diablesse ?

La sorcière souleva la carte et il vit que sa carte à lui n'était plus qu'un simple six.

— Voyez-vous cette tricherie d'enfer! dit mon grand-père; et, de dépit, il frappa du poing sur la table de toutes ses forces.

Heureusement que la sorcière n'avait que des cartes dépareillées, tandis que mon grand-

---

(1) Le jeu de *Dourak* consiste à rester sans cartes. Chaque partner a cinq cartes en main; il a le droit d'abattre les cartes qui font la paire : ainsi deux dix, deux valets, etc., plus une. De sorte que, sur cinq cartes, si quatre font deux paires, le jeu se trouvera étalé d'un seul coup. Si dans ces cinq cartes, il ne se trouve aucune paire, il n'abat qu'une seule carte que son partner doit couvrir de la carte au-dessus ou par un atout. Ce qu'il ne peut pas couvrir, il le ramasse, ainsi de suite jusqu'à ce que le talon soit épuisé. (*Note du traducteur.*)

père avait des cartes paires. Il les abattit et, de nouveau, prit des cartes au talon ; mais toutes étaient tellement mauvaises que les bras lui en tombèrent, et encore étaient-ce les dernières. D'un geste indifférent, il laissa tomber sur la table un simple six. La sorcière le ramassa.

— Ah! par exemple, qu'est-ce que cela veut dire? il se mitonne quelque chose là-dessous.

Alors mon grand-père mit à la dérobée les cartes sous la table et les marqua d'un signe de croix. Et tout à coup, il aperçut dans ses mains l'as, le roi, le valet d'atout; ce qu'il avait pris pour un six, était la dame d'atout.

— Ah! quel imbécile j'étais! le roi d'atout, en veux-tu? Ah! ah! tu le ramasses. Ah! graine de chat! et l'as, en veux-tu? as! valet!

Le tonnerre retentit dans l'enfer. La sorcière se débattait dans une convulsion, et on ne sait d'où, boum ! le bonnet tomba sur la face du grand-père.

— Non, cela ne me suffit encore pas, cria mon grand-père qui avait repris courage et remettait son bonnet sur sa tête; si, immédiatement, mon brave cheval ne se montre pas à l'instant devant moi, que le tonnerre m'étende raide sur cette place impure, si je ne vous soufflette pas tous avec la croix.

Et déjà, il levait le bras, quand tout à coup claqua devant lui le squelette de son cheval.

— Voilà ton cheval.

Le pauvre homme pleura comme un enfant en regardant le squelette. Il regrettait son vieux camarade.

— Fournissez-moi alors quelque autre cheval pour sortir de votre repaire.

Le diable fit claquer son fouet; un cheval de feu apparut sous mon grand-père et l'emporta comme un oiseau vers les nues. Cependant la frayeur l'envahit au milieu de la route quand le cheval, n'écoutant pas ses cris, n'obéissant pas aux brides, vola au-dessus des abîmes et des marécages. Quels endroits ne vit-il pas? On en tremblait rien qu'à l'entendre le raconter. Quand il s'avisait de regarder sous ses pieds, il voyait un gouffre à pic; et cet animal de Satan, sans s'en s'inquiéter, marchait droit dessus.

Mon grand-père faisait tous ses efforts pour se bien tenir, mais une fois il ne réussit pas. Il fut précipité dans un gouffre et de son corps frappa si fort le sol qu'il croyait déjà rendre l'âme, ou du moins, il ne se souvint plus, à vrai dire, de ce qui se passa ; quand il eut repris ses sens et qu'il regarda autour de lui, déjà il faisait jour et il reconnut les endroits qui lui étaient familiers ; il était étendu sur le toit de sa propre khata.

Il descendit et se signa.

— Quelle sorcellerie ! Quelles choses étranges peuvent arriver aux hommes !

Il regarda ses mains, elles étaient en sang. Il avança sa figure au-dessus d'un tonneau d'eau et la vit également ensanglantée.

Après s'être bien lavé pour ne pas effrayer les siens, il entre doucement dans la khata, et il voit ses enfants marcher à reculons et lui montrer leur mère du doigt, en disant :

— Regarde, regarde, mère qui saute comme une folle.

En effet, sa femme était assise, endormie

devant son rouet, la quenouille à la main, et, dans son sommeil, sursautait sur le banc.

Mon grand-père la prit doucement par la main et la réveilla.

— Bonjour, femme ! te portes-tu bien ?

Celle-ci, les yeux écarquillés, regarda longtemps, et enfin, reconnaissant son mari, elle lui raconta que, dans son rêve, elle voyait le poêle marcher à travers la khata en chassant avec la pelle les marmites, les baquets et le diable sait quoi encore.

— Allons, dit mon grand-père, toi tu n'as vu les diableries qu'en rêve et moi je viens de les voir en réalité. Je crois bien qu'il faudra faire exorciser notre khata. Quant à moi, je n'ai plus maintenant une minute à perdre.

Après un court repos, mon grand-père prit un cheval, et, cette fois, sans s'arrêter ni jour ni nuit, il arriva à destination et remit la missive à la Czarine.

A Pétersbourg, mon grand-père vit de telles merveilles qu'il en eut pour longtemps à raconter : Comment on le conduisit dans un palais si haut que si l'on mettait dix khatas l'une sur l'autre, alors, même alors, ce ne serait pas encore aussi haut; comment il traversa une chambre et n'y trouva personne, une autre — personne, une troisième — encore personne, — personne même dans la quatrième et ce ne fut que dans la cinquième qu'il regarda et la vit elle-même, elle, assise en couronne d'or, en svitka grise neuve, en bottes rouges et mangeant des galouckki d'or; — comment elle ordonna de remplir plein le bonnet de mon grand-père de billets bleus (1); — comment... Mais c'est à ne plus s'en souvenir!

Quant à ses démêlés avec le diable, mon grand-père oublia même d'y penser; et s'il arrivait que quelqu'un les lui rappelât, mon grand-père gardait le silence comme s'il ne s'agissait pas de lui; et on avait beaucoup de peine à le décider à raconter comment la chose s'était passée.

Pour le punir, probablement, de ce qu'il n'avait pas fait comme il l'avait dit, exorciser sa khata, chaque année, juste à l'anniversaire de cette aventure, il arrivait à sa femme cette

---

(1) Billets de cinq roubles.

chose extraordinaire de danser malgré elle. Pas moyen pour elle de s'en empêcher. N'importe à quoi elle s'occupait, ses jambes commençaient à gigoter et, Dieu me pardonne, allaient jusqu'aux cabrioles les plus extravagantes.

FIN

TABLE

Préface I
La foire de Sorotchinetz. 15
Une nuit de mai 79
    I. — Hanna. 79
    II. — Le bailli. 93
    III. — Un rival inattendu.—Le complot. 101
    IV. — Les parobki s'amusent 103
    V. — La noyée. 131
    VI. — Le réveil. 139
La nuit de la Saint-Jean 147
La missive perdue 187

Émile Colin. — Imprimerie de Lagny.

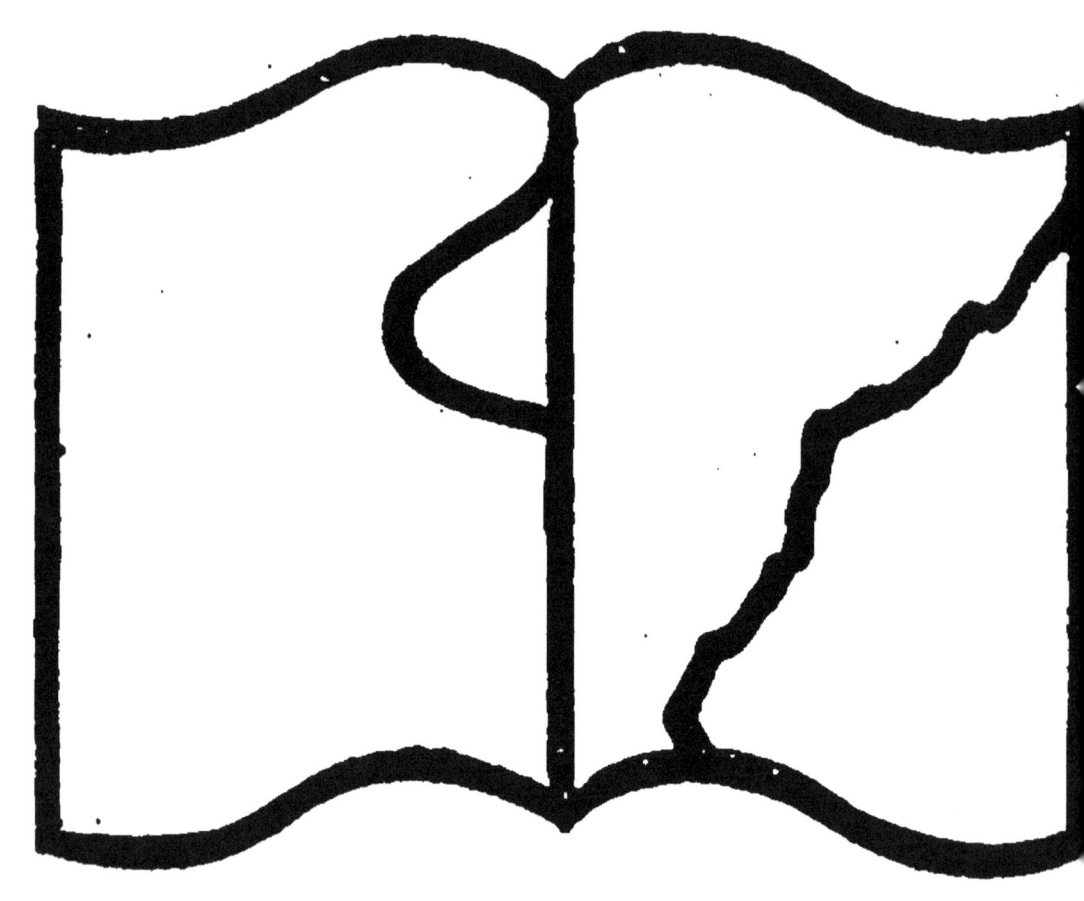

Texte détérioré — reliure défectueuse
NF Z 43-120-11

www.ingramcontent.com/pod-product-compliance
Lightning Source LLC
Chambersburg PA
CBHW051920160426
43198CB00012B/1972